読みなおす
日本史

# 神々の系譜

## 日本神話の謎

松前健

吉川弘文館

# はしがき

日本の神話とはいったいどういうものか、またこれをどのように見たらよいものか、という問いに対して、答えようとしたのが、この本である。

第二次大戦以前の日本神話に対する社会の態度は、あまりにも独善的で、無批判であって、日本神話を、そのまま光輝する国の歴史だとして偶像視していた。そこには合理的・近代科学的な見かたを受け入れる何の余地も無かった。津田左右吉氏などの真面目な批判的・科学的な古典研究が、弾圧されたり、はばまれたりしたのも、そうした神話の偶像視の故である。

しかし、事態は戦後になって一変した。古代史や古代文化の研究は、もっぱら考古学の成果や、中国の歴史書の分析などから始まり、これらを一等史料として重んじる、実証主義・現物主義をモットーとするようになった。

もちろんこれはしごく当然のことで、結構なことである。

ところが、困ったことに、神話に対しては、反対に全く極端な無視と締め出しを行なってしまったのである。日本神話は、架空なデッチあげの政治的産物以外の何物でもないとして、古代史の領域ばかりではない、あらゆる国民一般の教養の場から、一切はずされてしまった。日本の神話をいささかでも口にする者は、保守反動の固まりか、戦争謳歌の夢想家と見なされて排斥された。

現在の若い人達は、日本の神話については、子供の時絵本で読んだくらいで、何も知らない。天照大神はテンテルダイジンと読まれ、どこの神かときいてもほとんど知らない。日本を訪れる外人客の方がよほど知っていて、日本人通訳の方が何も知らなかったという例を、しばしば見かける。こんなことで果たしてよいのであろうか。

神話は古代人の信仰や社会、精神文化などを知るには、貴重な史料である。問題はその扱いかたによるのであって、古代の神話を、そのまま無批判に信じたら、どのような民族の神話でも、これほど有害で、反文化的なものは存在しないであろう。地動説を唱えたために焚刑《ふんけい》に処せられたりするなどは、その例である。

戦前の神話の扱いかたが悪かったからといって、神話そのものまでを、一切の国民の知識・教養の場から締め出してしまうやりかたは、角をためて牛を殺すようなものである。

むしろこれからの日本人として知って置くべきことは、かつての偶像視され、栄光化された官制の日本神話ではなくして、古代の日本人の生み出した「古典としての日本神話」の知識であり、それとともに、必ず併行して学ぶべきは「神話に対する見かた」である。この正しい見かたさえ体得するなら、かつての盲信的な偶像視などの方向に再び陥るはずもないのである。

その意味で、私はなるだけ平易な日本神話への手引として、この本を書いたつもりである。従ってそれは神話の知識ばかりでなく、現代の学界の水準を示すような研究の一端や、私自身の今までの研究の大要をも、なるべく一般向きに嚙みくだいて紹介したつもりである。なお多少専門的な言葉も時々出て来るかもしれないが、お赦し頂きたい。

世界の神話といろいろと比較し、日本神話の民族・文化系統を探る、比較神話学や民族学の方法や、神話の形成を、それを伝える豪族の勢力の消長と関連させて考える歴史学的方法など、現在行なわれているいろいろな方法を、あわせ含め、できるだけ多角的な見かたに立って、日本神話の成立を論じようというのが、著者の立場であり、見かたなのである。

なお終わりに臨んで、紹介の労を取って下さった畏友京都大学教授、上田正昭氏、およびこの書の刊行に大変な御好意を示して下さったＰＨＰ研究所出版部長大辺豊氏、担当していただいた谷口全平氏その他の方々に、深甚なる感謝を申し上げる次第である。

昭和四十七年九月五日

満五十歳の誕生日を迎えて

著　者

# 目　次

# 世のはじめの神々

## 一　イザナギ・イザナミの誕生

天地が初めて開けたばかりの頃、高天《たかま》の原に、天御中主神《あめのみなかぬしのかみ》、高御産巣日神《たかみむすびのかみ》、神産巣日神《かみむすびのかみ》が、順次に現われた。この三神はみな独《ひと》り神（独身の神）で、姿が見えない。つづいて国土がまだ水に浮かぶ脂《あぶら》のように、また海に漂うクラゲのように、まだできたてでふわふわと、あちらこちらへと流動していたとき、まるで春に芽を吹き出す葦の芽のように、一柱の神が生まれた。その名はウマシアシカビヒコヂノ神である。次にアメノトコダチノ神が生まれた。以上の五柱の神を別天神《ことあまつかみ》という。この五神につづいて、神世七代と呼ばれる神々が生まれた。初めにクニノトコタチ、トヨクモヌの二神、次にウヒヂニとその妹のスヒヂニ、ツヌグヒとその妹のイクグヒ、次にオホトノヂとその妹のオホトノベ、オモダルとその妹のアヤカシコネ、というふうに、次々と男女一対ずつの偶生神《ぐうせいじん》（男女のカップルとして生まれる神）が生まれた。最後に生まれたのが、伊邪那岐《いざなぎ》（伊弉諾）と伊邪那美《いざなみ》（伊弉冉）の二神である。

このような書き出しで、『古事記』の神代《かみよ》の巻が語られる。最初の三神は古くから、造化の三神と呼ばれ、宇宙の創造的な働きの原動力となると考えられていた。

アメノミナカヌシは、文字通り天の中央にいる主宰神であるが、この神は後世の『延喜式』などを見ても、これを祀る神社らしいものがない。実際の民間の信仰とも関係のない、いわば哲学的思弁の産物であり、中国の皇天上帝とか道教の天一神（北極星）などの知識に影響を受けて、記紀（『古事記』と『日本書紀』）の編纂時代の宮廷の知識人達が考え出した神であろうというのが、通説である。

二柱のムスビの神は、『日本書紀』で産霊という字を当てているように、「生産」を表わすムスという語に、「神霊」を表わすヒという語が結びついてできた名であり、万物を生成発展させるための神霊である。この二柱の神は、当時の民間でも、実際に崇拝・祭祀されていた生産の神であったらしい。平安朝にできた『延喜式』の神名帳を見ると、タカミムスビを名とする神社は、対馬、山城、大和、壱岐などにあり、また宮中の神祇官《じんぎかん》の八神殿の祭神の筆頭であった。また『新撰姓氏録』によると、畿内の豪族の中で、タカミムスビを祖神とするものは、大伴氏、久米氏、忌部《いみべ》氏など三十三氏におよんでいた。

またカミムスビは、『古事記』や『出雲風土記』によると、「御祖神《みおやかみ》」（母神の意）と呼ばれ、出雲の神々の母神らしい特性を持っている。出雲の諸所で、神魂《かもす》とか神魂《かみむすび》意保刀自《おほとじ》などという名で神社に祀られていたことが『延喜式』にも見え、また前に述べた神祇官の八神殿にもこの神は祀られていた。『姓氏録』には、畿内の多米連《ためのむらじ》とか天語連《あまがたりのむらじ》とか、紀直《きのあたえ》とか、六十氏におよぶ豪族が祖神としていた。

タカミムスビは、宮廷の大嘗祭《だいじょうさい》の祭神でもあった。大嘗祭は、天皇の行なう新嘗祭で、古く民間の家々で行なっていた収穫祭の新嘗を、大規模にして、天皇がその年に取れた稲の初穂で造った神饌《しんせん》（神に供える食物）と神酒とを、神に供し、自らも食べる行事であったが、その準備室ともいうべき斎《さい》場《じょう》の八神殿（神祇官の八神殿とは別物）にも、タカミムスビは祀られていた。神聖な稲の初穂を、抜くと、この八神殿に納めた。従ってこの神が農耕の神であることは確かである。

カミムスビも、食物の女神オオゲツヒメがスサノヲに切り殺され、その死体から稲やその他の穀物が生える神話（『古事記』）において、この種子をカミムスビが取り、農耕が始まったと語る話があり、農耕神格であることは間違いない。この二神は、多くの氏族が農耕の祭りにおいて生産の神としてあがめ、またこれを氏神としたから、やがて高められて造化の神と見なされるに至ったのであろう。

国土を水に浮かぶ脂や海のクラゲにたとえ、水辺の葦の芽を名とする神の出現など、みな日本の創世神話が海辺の生活から生まれたものであることを示している。

神世七代のウヒヂニ・スヒヂニも、泥や砂を表わす名で、ツヌグヒ・イクグヒなども、角《つの》が生えるように、泥の中から生長するさまを表わしている。またオホトノヂやオホトノベは、国土が大きく凝固したことを表わし、オモダルやアヤカシコネは、文字通り完成した国土を讃美した名である。

つまりこのような神々の次々の出現は、宇宙・国土が最初の渾沌《こんとん》から、しだいに凝固・完成してゆく過程を、神話的・系譜的に表現したものなのである。

このような宇宙の生成を物語る神話を一般に創世神話とか開闢《かいびゃく》神話とか呼んでおり、いろいろの民族にある。この一般の形式は、原古（世の始まり）の時代に、茫洋《ぼうよう》とした海洋があり、その上にある創造の力が働き、その意志や物理的な作業によって海洋から大地を創り出し、またそれから万物や人間を創り出すのである。バビロニアの創世叙事詩「エヌマ・エリッシュ」に、最初渾沌の海洋の中に、母神であるティアマットと父神アプスとが生まれ、それから多くの神々が生まれたが、その中の傑れた大神マルドックが、神族を率いて、渾沌の精である悪竜のティアマット女神と闘い、これを殺し、その体を切り刻んで、天地万物を造るのである。北欧の『エッダ』でも、怪魔イミルの体を、オーディン大神が切り刻んで、その体の部分部分で、世界を創造する。ヘブライの『旧約聖書』では、最初神が原古の渾沌の海から二つの部分を分け、一つを天空とし、日月・星辰を置き、他を大地としたという。中国の『三五歴記』などにも、最初の渾沌は、まるで鶏卵のような状態であったが、その中に盤古という巨人が生まれた。やがて、澄んで軽い部分は天になり、濁って重い部分は地となり、両者は分かれたが、両者が相離れるとともに、盤古も成長し、巨大となった。やがて盤古は死に、その両眼は日月、息《いき》は風、毛髪は草木、肉は大地、汗は雨、死体から出るウジは人間となったという。

『日本書紀』の開闢神話は、最初の書き出しは、中国の『淮南子』や『三五歴記』から借りた文章であるが、その本筋は、日本固有の風土的伝承である。国土が初め「遊ぶ魚の水上に浮けるがごとく」浮き漂っていたとか、「海原の上に浮かべる雲の根《ね》係《かかわ》る所なきがごとく」流動していたのを、葦《あし》芽《かび》が泥土から生まれるように、クニノトコダチが生まれたと語り、またその神はアメノカガミを生み、これがアメヨロヅを生み、これがさらにアワナギを生み、最後にイザナギが生まれたとするような一伝もあって水に縁のある、ナギとかナミ、あるいは魚、葦なども出て来ていて、海洋的である。

こうした神世七代などの誕生は、最後のイザナギ・イザナミを除くと、ほとんど実際の神社や祭祀を持たない自然神・抽象神ばかりであるが、こうしたモチーフは決して単なる後世の合理主義的思弁の産物ではない。実はそれに似た形の創世神話が、日本の遥か南の、太平洋に散在するポリネシアの島々の原住民に見出されるからである。

人類学者のR・B・ディクソンなどによって、そのタイプの神話は、「進化型」ないし「系譜型」宇宙創成神話と名づけられている。たとえば、ニュージーランドの神話に、太古に「虚無」という名の神が生まれ、次に「夜」「夜明け」「昼」「空間」などを名とする神々が生まれる。次に「湿」（男神）と「天の広がり」（女神）の偶生神、さらにこれから「ランギ・ポティキ」（諸天）と「パパ」（大地）とが生まれたという。マルクエサスのそのタイプの話では、原古の「虚無」から「膨脹」「渦巻」「暗黒の成長」「沸騰」「呑みこみ」が生まれ、そこに沢山の大小・長短の柱ができ、これらが闘ったり和したりして、大騒ぎの後、最後に空間と光、種々の岩ができたという。サモアでも、「天上の高い岩」

（男）と「下界の岩」（女）とが婚して、「大地」を生じ、「大地」がまた「天上の風」と結婚して、「堅い雲」を生じ……、というふうに、次々と子生みが行なわれ、やがて「国作りのタンガロア」が生まれて、「大地の女王」と婚し、「空間」を生んだという。しばしば生成の過程に、男女の偶生神を生むのも、日本の進化型と似ている。

松本信広氏や松岡静雄氏などは、こうしたポリネシアの「進化型」と日本神話の神世七代の話とがひどく酷似していることを指摘し、それを文化的に同源・同系のものと認めておられ、また筆者なども驥尾に付して、日本のこのタイプの話が、瀬戸内海沿岸に住む、南方系の海人《あま》族が、伝承して来たものであろうと書いたことがあり、今もこの考えは変わりない。

最初の国土がやわらかく流動的で、あちこちと漂っていたものが、しだいに凝固して落ちついていったという神話なども、ポリネシアに広く語られている。ソサイエティ群島のある地方の話では、天神ターロアが太古ハワイの島を造った頃、まだその土地はゆれ動き、岩や砂も流動して基礎も定まらなかったが、のちにこれらが互いに押し合い、固め合い、しだいに堅固な基礎を作り上げていったのだという。ハーヴェイ群島のラロトンガでは、この島は昔「浮き島」と呼ばれていたが、これはアリ女神が、この島の下に行って土台を固定するまで、この島はあちこちと動きまわっていたからであるという。

このように浮き漂う国土という伝説は、後世のフォークロア（民間伝承）にも語られている。すなわち、九州、薩南諸島、壱岐などにも分布している「流れ島」の伝説である。沖永良部島の昔話に、昔、島コーダ国コーダという神が島を建設したが、島が地揺れし、土がぐらついて、ここを踏めば、かしこ上がり、というふうであったので、神の教えにより、東の岸に黒石、西の岸に白石を置いて、島を安定させたという。大分県東国東郡の姫島でも、昔はこの島は浮島で、海上を流れ動いたが、一人の姫神が矛千本で島を縫い止めた。その矛を埋めた塚を千本塚といい、今でもこの塚をあばいて矛を掘り出すと、この島は浮いて流れるという。大林太良氏などは、こうした「流れ島」伝説は、かつての「浮き漂う国土」を修理固成《つくりかためな》したという神話の断片であろうと述べている。

ポリネシアでは、こうした系譜的な神名の最後に天父と地母が生まれ、二人が結婚して、万物を生んだり、神々を生んだりするが、のちにその天地は分離させられるという筋が多い。ニュージーランドで、こうして次々と神々が生まれた最後に、天空の神ランギと大地の女神パパが生まれ、両者の結婚によって、多くの神々や万物が生まれたが、天地がいつまでも抱き合っていて離れず、間が闇くて狭かった。そこで樹木神タネが力をこめて天空を持ち上げたので、今見るように天と地は離れてしまい、明るくなった。ランギが時折パパを思って嘆く涙が、露となるという。

イザナギ・イザナミも、その内性から判断すると、天父と地母であったらしい形跡も数多く存する。イザナギが、天上の日の少宮《わかみや》という宮殿に住んだという『古事記』の伝え、またその両眼からアマテラスとツクヨミ、すなわち日と月とが生まれたというようなアハギハラの禊祓《みそぎはらえ》の伝承など、イザナギの天空神的内性を物語る徴証は多い。ポリネシアで、日と月とは、天空の神ランギの子であり、同時にその眼であるという信仰は広い。ギリシャ、ペルシャ、ローマ、インドなどでも、そうした信仰がある。天の神の両眼は日月なのである。

これに対して、イザナミは、その胎内から山や野の神、金属、土、水などの神、穀物や生産の神などを、次々と生み出し、かつ大地に関係深い底《そこ》つ国の黄泉国《よみのくに》の女主人ともなっていて、すこぶる大地母神らしい内性を帯びている。

そうして見ると、最初の渾沌から生成《ムスビ》の活動によって、アメノトコダチとクニノトコダチ、次にウヒヂニとスヒヂニ、というふうに、男性原理と女性原理が一対《いっつい》ずつ出現し、最後にイザナギとイザナミの誕生となり、両者の結婚により国土や万物の誕生が行なわれるのである。すなわち、宇宙・国土がしだいに形成してゆく過程を、男女一対ずつの誕生によって表わし、最後に完全な肉体を具えた天父イザナギと地母イザナミの出現となり、両者の結婚によって、万物が生まれるというわけである。

ポリネシアなどでは、このようにして結婚した天父と地母とは、のちに分離するのであるが、日本のイザナギ・イザナミも、のちに離反し、一方は天もしくは地上に住み、他は地下の冥府《めいふ》に住むようになる。かつて天地が相離れたという神話の崩れた形かもしれない。日本の後世のフォークロアにも、昔、天地の間がひどく狭かったので、巨人のアマンシャグマが、棒で天をつきあげたので、天は今のように高くなったという昔話は諸所に語られる。沖縄の巨人アマンチューが、やはり堅い岩を足場にして、両手で天を支え、起ち上がって、これを押しあげたので、今見るように天と地が相隔たったという伝承も、同じである。

イザナギ・イザナミの話も、もともとこうした天地剖判《てんちほうはん》神話を、中軸としたものであろう。しかし、二神は、次のオノゴロ島生成や、その神婚の話などになると、そうした「天父と地母」的な要素は、ほとんど見えなくなり、創造神的要素や、人間の祖先らしい要素が見えてくる。それは別系の信仰説話が、結びついたからである。

## 二　国生み神話はどこから

イザナギ・イザナミは、天神から矛を授かり、漂っているこの国土を作り固めよという命を受けた。二人は天《あめ》の浮橋《うきはし》に立ち、矛を下ろして、海の水をかきまわした。そして引き上げると矛の先から滴った潮が固まって、オノゴロ島ができた。そこに下り立って、天《あめ》の御柱《みはしら》を立て、八尋殿《やひろどの》（広いご殿）を建てた。

二人は、めいめいの肉体の一部を合わせて契りを結び、国を生むことにする。柱のまわりをそれぞれ反対にまわり、出逢った時に、まず女神が「あなにやし、えをとこを」（あら、なんとすてきな殿御よ）といい、次に男神が、「あなにやし、えをとめを」（なんとまあ、いい娘よ）とほめ、夫婦の契りをかわした。男神は「女が先に唱えたのは感心しない」と言ったが、そのためか生まれた御子は不具の蛭子《ひるこ》であったので、二神はこれを葦舟に入れて流し棄てた。次に淡島を生んだが、これもできそこないの子なので、御子神の中には加えない。

こんな子ばかり生まれるので、二神は天上に昇り、太占《ふとまに》（ウラナイ）によって、天の神の意志を占なったところ、「女が先に唱えたのがよくない」というので、順序を改めてやり直した。今度は成功して、まず淡路島を生み、次に伊予（四国）・筑紫《つくし》（九州）・壱岐《いき》・対馬《つしま》・大倭豊秋津島《おおやまととよあきつしま》（本州）・吉備の児島《こじま》、小豆島など、大八洲《おおやしま》（日本列島）の島々を生んだ。国生みを終えてから、二神は次に神々を生んだ。まず家屋の神々、次に海の神、水戸《みなと》の神、風の神、木の神、山の神、野の神、次に鳥の神、農産物の神などで、最後に火の神カグツチを生んだ時、女神はミホト（陰部）を火傷し、死ぬ。その病臥中に、その嘔吐や糞便から鉱山、粘土、灌漑用水、食物の神々が生まれた。その中の食物の女神トヨウケビメは、伊勢の外宮の祭神である。

以上が、『古事記』の伝えであるが、『日本書紀』には幾つかの異伝がある。その本文の伝えや、その一書の伝えの中に、二神が国生みに当たって、淡路島ないしオノゴロ島を女神の胞衣《えな》とし、大八洲を生んだという伝承があったり、対馬や壱岐、および処々の小島は、みな潮の沫《あわ》が凝《こ》り固まってでき、あるいは水の沫が凝り固ってできたものと伝えたり、また『書紀』の一伝（一書の五）に、二神が契りを結ぼうとして、その方法を知らなかったが、鶺鴒《せきれい》が飛んで来て、その首尾を動かしたので、これにより男女の交りの道を知ったと伝えたりしているのもある。

この国生みの神話は、大別すると、四つの要素からできている。すなわち、(1)二神が矛で海中をさぐり、オノゴロ島を作ること、(2)オノゴロ島の上で、二神が結婚すること、(3)イザナミは、オノゴロ島ないし淡路島を胞《えな》として、その母胎から次々と大八洲を生むこと、最後に(4)神々を生むこと、である。恐らくその四つのモチーフは、みなもともと異なった系統の物語で、それが二尊の神話の中に取り入れられ、組み合わされたものらしい。

(1)のオノゴロ島生成は、ポリネシアなどで、天の神が海中に石を投じ、国土を創り上げる、いわゆる「創成型」、もしくは神が海中から魚を釣り上げたところ、これが島となったという、いわゆる「島釣り型」と似ている。たとえば、サモアでは、創造神タンガロアは、海中から釣針で、サヴァイイおよびウポル島を釣り上げたとか、あるいは海中に石を投げて島々を作ったと伝え、トンガでも同様な伝えがある。日本神話でも世の始めの国土を遊ぶ魚にたとえたり、また『出雲風土記』の国引きの神話でも、国土を魚に見立て、モリで突きさす話があるから、オノゴロ島生成も、そうした南洋系の「創成型」もしくは「島釣り型」の一変形であろうという考えがある。松本信広氏などは、そうした南方説を取り、筆者もまたこれに近い説を唱えた。また大林太良氏などは、この源流・母胎を、中国の江南地方に求めようとしている。

事実、日本の古代には、海中にもぐってモリやヤスで魚や貝類を取り、また海草類を採って生活する特種漁民である海人《あま》族がいた。この海人は、文献では蜑《あま》・海士《あま》・白水郎《あま》などという字でも当てられ、時として、部曲《ともべ》を編成して海部《あまべ》とも呼ばれ、海部直《あまべのあたえ》や安曇連《あずみのむらじ》などの豪族に支配されていた。

『魏志』倭人伝の中に、倭の水人というのがそれで、彼等は水に潜り、魚や貝を捕えるのが得意で、また顔や体に入墨していると記されている。彼等はしばしば家船生活を営み、特種の言語・風俗・信仰などを持っていたらしい。『肥前風土記』によると、五島列島の値嘉島の海人は、南九州に住む隼人族と容貌が似ていて、言語が一般人と違っていたという。『魏志』倭人伝の水人は、やはり顔や体に入墨をし、潜水漁業に通じていた中国の江南地方の越《えつ》人と類似していることが、指摘されている。越人は漢民族とは違った東南アジア系の種族であろうといわれているから、これと風貌・風習の酷似した倭の水人（海人）がやはり南方系種族であろうということは、大体言えそうである。

彼等は漁業や航海に長じていたから、しばしば大和朝廷の外征や貿易・交流などにも水手《かこ》として活躍し、また各地に移動・漂泊して、彼等の名称から出た海士・海府・海部・天などという地名を残し、また彼等の宰領（監督）であった安曇《あずみ》氏の名を取った、アヅミ、アタミ、アツミ、アトミなどという地名を残したし、また海神・竜神の崇拝や住吉、宗像などの航海神の崇拝を各地にもたらした。後にも言うように、太陽神や月神の崇拝も、もと彼等のものであったと思われる節々がある。彼等が『魏志』倭人伝で、やはり入墨し、潜水漁業に通じていた、江南地方の越人と、しばしばその酷似性を指摘されていることは、興味深い問題である。

淡路島にも、古くから海人が住み、淡路海人、野島海人《ぬじまあま》、三原海人《みはらあま》などという名で知られていた。彼等は漁業の他、製塩でもよく知られ、その塩も、海産物とともに、大和朝廷に献上され、天皇の供《く》御《ご》の料とされた。『万葉集』などで、この島が「みけむかふ　淡路」と讃えられ、「みけつ国」と呼ばれているのは、この島が朝廷の、いわば「台所」であったことを表わしている。従って淡路には、古くから朝廷の屯家《みやけ》（直轄地）が置かれていた。

イザナギ・イザナミの崇拝とその神話は、もとこの島の海人の伝えていたものであったらしい。『日本書紀』履中五年や同書允恭十四年の、天皇がこの島で狩を行なった時この島の神のイザナギが祟《たた》りをしたり、神託を発したりしたという記事があり、また『延喜式』の神名帳の中に、淡路国津名郡伊佐奈伎神社名神大と記されているのを見ると、この神社が古くから淡路島にあったことが判る。現在このイザナギ神宮は、津名郡一宮町大字多賀にある。

『古事記』で、二神が矛で海中をかきまわすさまを、「塩こをろこをろに」と表現している。彼等海人が海水を釜に入れて煮つめる時、棒でかきまわし、その時唱える呪文から来ているという説がある。

イザナギ・イザナミという名の意味は、はっきりとは判らない。しかし、アワナギ・アワナミ、ツラナギ・ツラナミなどという神々が、その眷属《けんぞく》とされているところを見ると、水に関係あるナギ・ナミという語と関係があることは確かである。この二神を祀る神社としては、『延喜式』によると、淡路のほかに、大和に三社、摂津、伊勢、若狭、阿波などにもそれぞれ社があったし、この他に、『古事記』には近江多賀郡にイザナギを祀る社（多賀大社）、『日本書紀』にはイザナミの魂を祀る紀伊の熊野の有馬村《ありまむら》の神陵などもあり、また『丹後風土記』逸文に見える天橋立などの伝承などもあって、ほぼ近畿一円に広くその崇拝が分布していたことが判る。これらは、海人の移住や交流に基づいて、各地に伝播していったものらしい。

(2)の結婚譚は、儀礼的な天の御柱めぐりと二人の唱和に見られるノンビリした田園的ムードで満ち、恐らく淡路島に古くから行なわれた、実際の神事芸能から出、また彼等の族祖の伝説として、語っていたものであろう。この(2)の物語では、二尊は少しも天地を創造する巨大な神のようには見えない。むしろ素朴な原人夫婦である。

東南アジア、インドネシアなどには、兄妹相婚の始祖伝説が多く、これがしばしば洪水伝説を伴っている。これがすこぶるイザナギ・イザナミと似ているのである。たとえば、中国の西南部に住む猺族《ヤオ》や苗族《ミヤオ》では、昔伏羲《ふくぎ》と女媧《じょか》の二人の兄妹がおり、雷神の怒りによる大洪水を、大きな瓢に乗って逃れ、洪水が引いてから、二人は結婚する。最初、妹は拒んだが、兄は一計を案じ、一本の大木のまわりをまわって妹と競争し、急に振り向いて反対にまわり、妹を抱き、結婚する。最初はきみょうな、目も口もない、ノッペラボウの児で、これを切りきざんだところ、これが皆人間となったという。木のまわりをまわって結婚することは、天の御柱めぐりに類似し、ノッペラボウの子は、蛭子の誕生と似ている。

台湾のアミ族でも、昔兄妹の二神が臼に乗り、洪水を逃れ、ある山に居を定め、結婚して子供を生むが、最初は蛇や蛙を生み落胆する。日神から授かった豚を犠牲に供え、もう一度契りを結び、正常な二男一女を生み、部落の祖先となったといい、フィリッピンのイフィガオ族やセレベスのトラジャ族などにも、同様な伝説がある。これらはみな近親相婚の結果、不具の子や動物ばかり生むので、兄妹は特殊な儀礼を行なって、やり直し、今度は正常な子を生み、部族の祖先となるというのである。またイザナギ・イザナミが、鶺鴒《せきれい》によって男女の交りを知ったという伝えは、これまた最初の男女が小動物によってこれを学んだという、インドネシアから日本列島にかけて分布している神話に属する。琉球では姉弟が、海鳥またはバッタの交尾を見て、これを知り、アイヌや台湾でも、蝿や鶺鴒が教えることになっている。こうした東南アジア系の兄妹話と、イザナギ・イザナミの神話とが、同系のものであることは、すでに多くの学者が論証している。筆者なども、特に南シナの伏羲・女媧の神話と、イザナギ神話との酷似性を指摘し、これが何れも江南地方を母胎としたものであることを述べたことがある。

天の御柱のまわりを二神が左と右からまわって唱和し、婚するというふうは、しばしば民族学者によって南シナの、猺《ヤオ》族や苗《ミヤオ》族などで、春に若い男女が集まって歌を歌いかわし、配偶者を選ぶ風習と比較されている。特に『貴州通志』などに、竜家という一種族では、春に祖先を祭るために鬼竿という木を立て、このまわりを若い男女がまわって、互いに相手を選ぶのである。

日本の古代でも、歌垣とか嬥歌《かがい》とか呼ばれる行事があり、春や秋に、男女が野山や海浜などに集い、互いに恋歌を歌いかわしたり、踊り興じたりして、結婚相手を選ぶ風習があった。薩南諸島では今でもそうした行事が行なわれている。与論島では旧正月に、ウタカキアスビといい、島の老若男女はみな晴着を着て、酒や御馳走を携え、丘の上で円座に坐り、酒盛りをし、若い男女は互いに掛け合い歌を作ったり、踊ったりして、情愛を交換し、結婚の約束をしたりしている。

イザナギの天の御柱の話も、恐らくそうした行事の反映であろうが、その「あなにやし」の唱えごとなどは、もっと具体的な神事に唱える呪文であったと思われる。

歌垣は決して単なる求婚のためだけの社会慣習ではなく、その背後には古代の呪術的な信仰があった。それによると、この行事は人間の結婚というよりは、むしろ神の結婚の日であった。彼等の神と女神とが結婚して、五穀やその他の多くの作物を生み出したのである。従って人々がこれを摸して結婚の行事を行なうことは、豊作を促すための呪術なのである。ただこうした神聖な神の結婚の日という初めの意味が忘れられると、最後には大原の雑魚寝《ざこね》の風習などのような、祭りの夜における乱婚の行事となって堕落する場合もある。しかし、祭りの本筋は、もともと神の結婚であり、多くの場合、それは秘儀的な神事として行なわれている。諸国の大社の祭りにはそうした神婚の神事も少なくない。

天の御柱とは、中国の神話に見える天柱と同じく、天を支える柱のことであるが、現実にはそれを象徴する祭儀用の柱のことである。伊勢神宮などにも、正殿の床下の中央に一個の聖なる柱、すなわち忌柱《いみばしら》があり、これを古来心《しん》の御柱とか天《あめ》の御柱と呼んでいたし、また中世の神道書には、これは天地開闢《かいびゃく》の基礎となり、神々が生まれる宇宙の軸であると記されている。そして、伊勢神宮の三つの大きな祭りである三節祭《さんせつさい》（神嘗祭および年に二度の月次祭《つきなみさい》）の時、この忌柱に向かって大御饌《おおみけ》（神へ供える食事）が捧げられるのであった。すなわち、この柱こそ、神宮の祭神の古いヨリシロであったらしいのである。

神社の社殿のまだ存在しなかった時代には、神霊は祭場の中央に立てられたヒモロギ、すなわち神木か、もしくはその変形である柱の上に降下すると考えられ、これに対し、供物なども捧げたり、また田畑の稔りを促す呪術的儀礼として、この前やこの周りで、神と女神との神聖な結婚を表わす神事芸能などが行なわれたりしたのであろう。こうした祭りが行なわれる間は、少なくともその祭場は一種の「小宇宙」となり、その中央柱は、一時的に天地の中軸となっていると信じられていた。後世に上に社殿ができ、別にご神体の鏡や劔が奉祀されるに至っても、なお昔の観念だけは残り、祭りのお供えだけは、これに捧げるようになったのである。天地の中軸とか万物の本源とか言っても、決して長大なものではない。伊勢神宮の心の御柱などは、高さ五尺ばかりの柱で、地下に三尺埋められている小さな柱である。要するに、これは一種の神話的な象徴物である。ギリシャのデルフォイ、デロス、ギネイオンなどの聖所にも、そうした宇宙の中心、「大地の臍」（オムファロス）と称するものがあり、これにアポロンの神の象徴といわれる「アギエウスの円柱」が立てられていた。これが天を支える天柱と考えられていて、祭儀の中心であった。イザナギ・イザナミの天の御柱も、つまりそうした「宇宙的な意味を持った」一個の祭儀用の神聖な柱に他ならない。多分このまわりをまわって男女の神が結婚するという、神婚の神事が行なわれたのであろう。後世にも、諸国の神社の田植祭、田遊び、民間の小正月行事などに、神と女神の結婚を表わした爺と婆や、天狗とオカメなどの滑稽な所作が残っている。群馬、秋田、山形などでは、小正月に夫婦が全裸になり、家のイロリをまわりながら、卑猥な唱え言を唱えると粟や稲の穂が稔るという俗信がある。

オノゴロ島は、その名の示す通り、もともと宇宙は始まりに「潮が自《おのずか》ら凝《こ》り固まってできた」という神話上の島で、決して特定の実在の島ではない。

『日本書紀』の本文の伝えでは、この島そのものが「国中《くになか》の柱」すなわち世界の中央の柱と見なされたと記されている。宇宙の最初に、大海原に出現した国土が、世界の中心であるという信仰は、オリエントなどでは珍しくない。多くの神殿や宮殿の池の中の築島とか高塚とか、王の玉座、オベリスク、ピラミッドなども、その象徴とされたのである。たとえば、エジプト第五王朝の頃、ヘリオポリスの信仰では、最初大海原に「原古の丘」が出現し、その上で日神アツム Atum が万物を創造したと伝えられ、またそこが宇宙の中心であると考えられ、アツム神殿のオベリスクは、その象徴と見なされていた。

オノゴロ島も、もとはそうした神話的・祭儀的な島の名であるに過ぎなかったが、後には、この神話・信仰の中心地であった淡路島附近の実在の幾つかの小島がこれに当てられるようになった。たとえば、今の岩屋港のそばの絵島とか、南の三原郡の海中にある沼島とか、紀淡海峡の友ガ島の西南の小島である沖島であるとか、三原郡の幡多郷（三原町榎列）にある小さい丘とかである。

この中、友ガ島は、『釈日本紀』や『新撰亀相記』などの古典的記録にも見え、比較的早くからオノゴロ島の候補地とされていたらしい。すでに『古事記』の仁徳天皇の御製の中に、淡路島から望見された時の歌として、「おしてるや　難波の埼よ　いで立ちて　わが国見れば　淡島　おのごろ島　あぢまさの　島も見ゆ　さけつ島見ゆ」（難波の岬に出て立ち、そこからわたしの治める国土をながめると、淡島やオノゴロ島や檳榔《あじまさ》の島などが見える。さらに遠くの島も見えるよ）というのがある。

仁徳天皇は、五世紀初めに難波に都を作られた天皇で、実在確実な人物である。この歌謡などは、その歌いかたから見ても、後世に作ったものではなく、実際にこの帝《みかど》が難波海岸（大阪湾北岸）からながめた時の国見《くにみ》の歌であったろうと、国文学者の土橋寛氏なども推定されているが、私も同感である。国見とは、古代の天皇や首長らが春の初めなどに、高い山、丘、高台、高殿などに登って国土をながめ、一年の吉兆を占なう信仰的な儀式であった。

それにしても、五世紀初め頃に、すでにオノゴロ島、淡島のでてくる国生み神話は、朝廷に知られていて、しかもこの島は大阪湾北岸からながめられたということになるから、友ガ島説が最も有力なのも、もっともである。

イザナギ・イザナミの結婚と、不具のヒルコ生みとが、もし東南アジア系の、兄妹の結婚、ノッペラボウの子や、蛇、蛙などの不具児の誕生の話（伏羲と女媧のような）などと結びつくとすれば、少なくともこの柱めぐりの話に出る主人公のイザナギ・イザナミは、創造神ではなくして、部落の始祖である人間でなければならない。東南アジアでもみな部落の祖先の伝説である。そのことと関連して、淡路のイザナギ神宮の現在の本殿が、明治以後のものであるが、その以前には、今の本殿地の所に、芝地と石積みがあり、これが禁足地となっていて、これを神陵と呼んでいた。現在でも、本殿の床下には神聖な石積みがあって、社殿以前の面影を残している。『日本書紀』によると、イザナギは国生みを終え、淡路島に「幽宮《かくりのみや》」を作り、ここに「寂然《しずか》に長く隠れた」と記されている。つまり、ここは一種の終焉《しゅうえん》の地で、石積みは一種の墓なのである。彼は墓の中に納められる存在、つまり人間の祖先としての面を持っていたわけである。また後述するように、イザナミも同じく神陵に葬られる存在であった。

ヒルコの葦舟流しは、古代における流産児、死産児、不具児などを、水に流し棄てたという、実際の風習の反映であろうと考えられるが、また一面に、これとは全く別な「太陽の子が舟に流される」というタイプの信仰説話と関係があると考えられる。

ギリシャ神話で、ゼウス大神が金の雨となって王女ダナエと通じ、生まれた幼児は、ダナエの父王によって小舟に入れられ流される話は有名で、これが後に英雄ペルセウスとなるのであるが、同じような小舟に流される幼児の話は、アイルランドの太陽神ルーグとか、インドの太陽神スーリヤの子で、英雄カルナとか、バビロニアのサルゴン大王とか、古くから世界的に広く語られている。いずれも不思議に太陽神に関係ある話となっている。

日本でもこの型は「ウツボ船漂流譚」と呼ばれ、やはり不思議に太陽と関係している。中世の大隅正八幡宮（現在の鹿児島神宮）の縁起に、震旦《しんたん》（シナ）の大王の娘のオホヒルメが、朝日の光を受けて妊娠し、父王によって母子ともにウツボ船（ウツロな船）に入れられ流されたという話は有名であるが、また蚕の神の縁起に、天竺（インド）の大王の娘の金色姫《こんじき》が、継母によってウツボ船で流される話などもあり、他にも数多く語られている。金色は太陽の色である。

ヒルコのヒルという語は、虫のヒルの他に、古語では「日」を表わした。ヒルコは太陽女神のことをヒルメ（日女）というのに対し、太陽神の子ないし若々しい男性太陽神（日子）を表わす名でもあったらしい。古代には、後にも述べるように、太陽神は舟を乗物とするという信仰が、世界的に行なわれていて、実際に水辺の行事として、この神を舟で送り迎えをするという祭りが行なわれていた。こんな行事から、「太陽の子流し」の説話は出ているのである。

沖縄などには太陽の子流しの神話と、これに因む行事が後世まで行なわれている。『琉球国由来記』などに見える、稲の穂祭りの鼠流しの行事の由来話である。それによると、日神の子にオトジチョというやくざ者がいて、下界に追われ、生み損いの不肖の子である鼠を生み、または自ら鼠に変身したと伝えられ、これが田畑に大害を与えるので、小舟に載せて、海の果てのニルヤまたはニライの島に流すというのである。鼠は日本本土では「根住み《ねずみ》」すなわち「根の国に住む霊物」を意味する語であるが、沖縄でも、このネの国と同一系統の信仰といわれるニライ、ニルヤ、根屋《ねんや》などから来る存在とされていたことは、柳田国男翁なども述べた通りである。もともとニライから来た存在であるが故に、ニライに戻してやるのである。日本本土の虫送りとか「ノミの船」などの行事と似た農耕の害を祓う行事である。

しかし、このニライは、一面に太陽の昇る穴があると信じられた光明の島であった。これを一名「太陽《テダ》が穴の三島」と呼ぶのは、これを示している。ニライからやって来る神を、「東《アガルイ》の大主」とか「テダガアナの大主」と呼んでいるのも、これは一種の太陽神であるらしい。オトジチョが、ニライからやって来る害獣の元祖でありながら日神の子であることは、そうしたニライそのものの太陽的色彩によるのである。

日本古代のネの国も、後世死穢《しわい》に満ちた地下の暗黒世界となる以前は、これと対照的に神仙化し、理想化された常世《とこよ》の国ともとは一つで、光明に輝く海上の島であり、朝日・夕日が照らす生命の国であったことは、柳田国男翁も名著『海上の道』などでいろいろと説いたし、筆者も前に、『日本神話の新研究』で、数多くの例を挙げて論証しておいた。

ヒルコ流しの神話も、恐らく淡路を中心とした大阪湾沿岸に、そうした民俗的な神送り行事があり、これに太陽儀礼と考えられるような点火行事などを行なって、流したことから出ているのかも知れない。

ヒルコを連想させるような神流しの神事は、大阪湾沿岸の古代海人達には一般的であったらしく、摂津の西宮の夷《えびす》神社の古い縁起では、ヒルコが夜、磐楠船《いわくすぶね》に載せられ光り輝きながら流れ着いたという伝承がある。

次に、イザナミが大八洲《おおやしま》を次々と生む神話であるが、これこそ真の「国生み」であって、前に挙げた「矛をもってオノゴロ島を造ること」の方は、むしろ「国作り」である。

このように女神が国土を生むという伝承はポリネシアにある。マルクエサスでは、天神アテアが人類の先祖とされ、また多くの女神と結婚し、山、岩、土などを生んだといい、ハワイでも、ワケア（アテアと同じ神）は地母パパと夫婦となり、パパはハワイ島やマウイ島などを生んでいる。パパは、一般にハワイでは、「島生みのパパ」と呼ばれている。ソサイエティ群島やニュージーランドでも、同じような「島生み」の神話がある。

ポリネシアのこうした島生みをする母神は、通常パパ（大地）と呼ばれている。すなわち、この島生みは、もともと天神と地母神とが結婚し、多くの万物を生むという「天父と地母型」のいわば、海洋化した形なのである。日本のイザナミの国生みも、やはり前に述べたように、大地母神としての要素を濃く持っているから、これが海人によって受け継がれてゆく間に、このような島生みの話となったのかも知れない。ここでは、イザナミは巨人的な神となっているわけである。淡路島を胞《えな》として多くの島々を生むというモチーフは、この島が他のあらゆる島々の母胎であるとする淡路島の海人の信仰を表わしている。いいかえれば、淡路島は、イザナミの母胎の象徴なのである。『日本書紀』の一伝によると、イザナミが胞としたのは、淡路島ではなくして、最初に矛で作り出したオノゴロ島だということにもなっている。神話の原型としてはむしろこの方が古い形かも知れない。オノゴロ島は、前に述べたように宇宙の中心としての神聖な場所であるとすれば、それが万物の母胎とされるのは、最も自然であるからである。

## 三　イザナミの死と黄泉への道

国生みを終えたイザナギ・イザナミの二神は、次に神生みを行ない、岩石、土砂、家屋、風雨、海と河川、山野、草木、船舶などの神々を生むが、最後に火の神カグツチを生んで、女神はミホト（陰部）を火傷し、亡くなってしまった。病臥中に、その苦しんで吐いた嘔吐物や糞便から、鉱山、粘土、灌漑用水、食物の神々が生まれた。その中で食物の神トヨウケビメは、伊勢度会《わたらい》の宮（外宮）の祭神である。

愛妻を喪ったイザナギは、あまりの悲しみに、なきがらの枕もとや足もとを這いまわって泣き、その涙からナキサハノメノ神が生まれた。この女神は、大和の香具山《かぐやま》の麓、今の桜井市木《こ》の本《もと》にある畝《うね》尾都多本《びつたもと》神社に祀《まつ》られている。

『万葉集』巻の二に、「哭沢《なきさわ》の神社《もり》に神酒《みわ》すゑ　禱《こ》ひ祈《の》めど　わが王《おほぎみ》は　高日《たかひ》知らしぬ」（泣沢神社に神酒を供えて、わが君様のお命の助かりますよう祈念致しましたが、とうとう亡くなってしまわれましたね）と歌われているのは、この社であるが、ここは拝殿のみで、石組みの井泉を神体としていて、神殿はない。

イザナギは怒りにまかせ、十拳剣《とつかのつるぎ》で、御子の火の神の頸をはね、またその体を三段に切り捨てた。剣についた血が神聖な岩にほとばしって、岩石神、雷神などが誕生し、また刀の柄についた血が手のまたからこぼれ落ちたが、そこから化生した水神などもあった。これらの神々の中で、最も著名なのが、タケミカヅチで、またの名をタケフツノ神といい、あるいはトヨフツノ神といい、後世東国の常陸の国の鹿島神宮の祭神となったし、中臣氏の奉斎する神であった。

こうしてカグツチは殺されたが、その死体の頭、胸、腹、陰部、手、足などから、八種類のヤマツミノ神（山神）が誕生した。『日本書紀』の一伝によると、カグツチを斬った血が、石や樹や草などを赤く染めた。これによって草木や砂や石などの中に火が含まれているという事実ができたのである。

世界のいろいろな民族の神話に、火の起源神話というのが語られ、多くはその火打石とか火鑽具《きりぐ》などの由来話となっている。ポリネシアのトンガでは、英雄キジキジが地下の世界から火を取って来、人々に煮焚きを教えたが、これを保存するため、ある樹々の中に蔵《おさ》めたので、それ以来、その木片をこすり合わせると、火が出て来ることになったと伝えている。カタム群島でも、地下の火の女神マウヒカが投げた火が、樹々や石に入りこんだため、これらをこすり合わせると火が出て来るのだと語っている。日本のカグツチの血が木や石に入りこんだため火を含むという話も、発火法の由来話であることに間違いはない。

イザナミが火神を生み、火神によって女陰を火傷するという話は、ニューギニアなどに分布する、ある女の女陰から最初に火が取り出され、使用されたという話と似ている。女陰から火が出るというモチーフは、人類学者のフレーザーなどが論じているように、火切臼を女神の体に見たて、その穴を女陰と見なし、これに対して火切杵を男根に見たてて、両者の摩擦によって火が生じることを、神話的に物語ったものであろう。

ポリネシアなどでは、体の各部に火を含んでいる女神マフイケが地下にいて、その女神から英雄が火を盗み出してくる話が多い。地下に住む火の女神とは、どうやら火山の神であったらしい。イザナミが生んだ火神カグツチの体が切り刻まれて、数多くの岩石神、雷神、火焔神、水神、山神などが誕生する話も、一種の火山爆発に伴う熔岩の流出、雷神、豪雨、岩石や山の形成などの自然現象を物語る神話であるとする説もあり、私なども先年この立場から説いたこともある。いずれにしても、この神話は単純なものではない。

さて、イザナミを葬った神陵は、『古事記』によると、出雲の国と伯耆の国との境にある比婆《ひば》の山にあるという。この地は現在の何処なのかは、はっきりしない。『日本書紀』の一書によると、紀伊の国の熊野の有馬村に葬られ、「土俗この神の魂を祭るに、花ある時は、花をもって祭り、また鼓吹《つづみふえ》幡旗《はた》をもって歌ひ舞ひて祭る」と記されている。ここは今の熊野市有馬の「花の窟《いわや》」と呼ばれているものがこれであると言い伝えられ、そそり立つ巨岩にあたかも女陰を象徴するかのような凹面があり、イザナミが祀られている。十月の祭りに、巨岩の上から浜の松の梢に注連縄《しめなわ》が張られ、縄で旗を作ってぶら下げて、花を供える。淡路の海人達の信仰していたイザナギとイザナミの崇拝が、海人達の移動や交流によって、こうした遠い地まで運ばれて行なわれたのであろう。

さて、イザナミは死んで黄泉の国に行くことになる。ここは根の国・底の国とも呼ばれ、地下にあって、死人の住む暗黒の世界であり、穢れに満ちた恐ろしい国であった。

夫のイザナギは、妻を追って黄泉の国まで行った。そこで懐かしい妻に会った。イザナギは、「いとしいわが妻よ。お前と一緒に作った国土は、まだ完成していない。だからわたしと一緒に地上に還っておくれ」と懇願した。

女神は、「残念なこと、もっと早く来て下さったら良かったのに。わたしはもう黄泉戸喫《よもつへぐい》（黄泉の国のかまどで炊いた食物を食べること）をすませてしまったのよ。でもねえ、あなた。せっかくここまで来て下さったのですもの。黄泉神《よもつかみ》と相談してみましょう。戻るまでは決して中を見ないで下さいね」といい、殿内に入ってしまった。黄泉戸喫《よもつへぐい》の話は、ギリシャ神話で、大地の女神デメテルの娘ペルセフォネが、冥府の王ハデスによって地獄にさらわれ、ハデスのくれたザクロの実を食べたため、地上に還れなくなったという神話などとも似ている。これは「死者の食物」型という話根に属し、世界的に広がっている信仰である。すなわち「死者はあの世の食物を食べたら助からぬ」という観想に基づいている。古代人は「同じ物を分かち食べ合うと、同じ心身となり、同胞となる」という、共食の信仰がある。あの世で死者の他の仲間と同じ物を食べたら、死者の完全な仲間入りをしたことになるのである。

ところで、女神は時が経ってもなかなか姿を見せぬので、男神はしびれを切らし、女神の戒めを忘れ、左の髪にさしていた櫛の歯を、一本折り取って、火をつけ、この明りで奥に入った。するとそこにはイザナミが何時の間にか死体となって横たわっていた。そのなきがらには気味の悪い蛆《うじ》がわいていて、腐れただれていた。しかもその頭や胸や腹や、手足や陰部などには、恐ろしく醜い八種の雷の神がうずくまっていた。

肝をつぶして逃げ出した男神を、女神は起ち上がり、「よくもわたしに恥をかかせましたね」と叫んで黄泉醜女《よもつしこめ》という恐ろしい女鬼共に追跡させた。イザナギが髪かざりの黒蔓《かずら》を取って投げると、それが野ブドウとなった。醜女らがそれを食べている間に、イザナギは逃げのびるが、なおも追っかけて来るので、今度は右の髪にさした櫛の歯を欠いて投げた。たちまちそれは筍《たけのこ》となった。醜女らがそれを食べている間に、さらに逃げのびた。女神は、その体から生まれた八種の雷神に、多くの黄泉《よみ》の国の軍勢を添えて追わせた。そこで男神は、十拳剣《とつかのつるぎ》を抜いて、後手《うしろで》に打ち振りながら逃げた。遂に黄泉の国の軍勢は、黄泉比良坂《よもつひらさか》（現世とあの世との境にある坂）の麓まで追って来たので、イザナギはそこになっていた桃の実を三つ取って投げつけたところ、黄泉の軍兵らはみな逃げ去ってしまった。そこでイザナギはこの桃の木に向かい、その手柄をほめたたえ、「これから後は、お前は現世の人間どもの苦難を救うように」といい、大神津見《おほかむづみ》と名づけた。

最後に、イザナミ自身が追っかけて来たので、イザナギは大きな岩で黄泉比良坂を塞いで、追跡を防ぎ、この岩を間に隔てて向き合い、絶縁の言葉をかわした。女神が「いとしい夫よ。わたしはこれからあなたの国の人間を、一日に千人殺してやりますよ」といい、それに対して男神が、「いとしい妻よ。お前がそうしたら、わたしは一日に千五百の産屋《うぶや》を立てよう」と答えた。そんなわけで、この世では、一日に必ず千人ほど死に、また千五百人ずつ生まれて来るのだという。

イザナミはこんなわけで黄泉大神《よもつおほかみ》と呼ばれるようになり、黄泉の国の主宰者とされ、また黄泉《よみ》の坂を塞いだ大岩は、「道反大神《ちがへしのおほかみ》」とか「塞《さや》ります黄泉戸《よみど》の大神」とか呼ばれるようになったという。

この話は『古事記』に見える。

この物語は、「冥界訪問譚《めいかいほうもんたん》」に属する。特に、「あの世に妻や夫を尋ねて、その魂を連れ戻しに行き、最後にあるタブーを破ったために失敗に終わる」というタイプで、いわゆる「オルフェウス型」に属する。ギリシャ神話の楽人オルフェウスの話が最も有名であるが、ポリネシアとかアメリカ・インディアンとか原始的な民族にも行なわれている。

オルフェウスは蛇に咬まれて死んだ妻エウリュディケのことが忘れられず、遂に地獄に下って、妻を取り戻そうとした。地獄の王ハデスと女王ペルセフォネは、彼の真情と悲しい調べに動かされ、遂に妻を現世に連れ戻すことをゆるすが、条件として、地上に戻るまで後を振り向かないようにということが言いわたされる。しかしもう少しで入口という所まで来て、彼は後を振り返り、妻を失なってしまうのである。

北アメリカのアルゴンキン人などには、もっと素朴な形で、この型の話が伝わっている。ある男が妹を亡くしたので、これを取り戻すために、冥土《めいど》の「霊魂の村」を訪ねる。彼はそこで一人の霊魂に出逢い、その案内で霊魂共の「舞踏館《ダンスハウス》」に行く。彼は踊り手の中から妹の霊魂を発見し、これを捕え、カボチャ（所によっては瓢簞）の中に閉じこめ、これを持って地上に帰る。そこで復活の儀典を行なって蘇生させようとするが、蘇生寸前に、戒めを破ってある男が好奇心でこれを覗きみて、そのため霊魂が逃げ去ってしまったという。

古代には、人間の霊魂はしばしば体から遊離して飛び去ったりすると信じられた。霊魂がどこかへ行ってしまって長時間も帰らないと、本人は病気にかかり、遂には死んでしまうと信じられていた。霊魂は時には冥府《めいふ》などに住む邪霊《じやれい》とか悪神、また死霊などに誘拐されることもある。そうした場合は、病人はほとんど死に瀕するし、これを取り戻さなければ死んでしまう。こんな時に、一種の巫《みこ》や呪　医《メディシンマン》が頼まれて、神懸りになり、巫の霊魂が冥府にまでも出かけて行って、病人の魂を取り戻し、多くの冥土の邪霊や亡霊共と追いつ追われつの闘いを演じ、首尾よく現世に戻ってその魂を病人の体に入れてやるという、ドラマ的な儀礼が行なわれた場合も少なくなかった。現在でも、こうして招魂の儀礼は、蒙古、シベリアなどから北アメリカ・インディアンなどの、いわゆるシャーマニズム（巫の宗教）には盛んに行なわれている。こうした「霊魂を取り戻す式」と「冥土に妻や夫を取り戻しに行く説話」とが関係あったことは確かである。

日本の古代にも、魂を取り戻す式は知られていて、鎮魂とか招魂とかの語が当てられ、これにタマフリとかタマシヅメとかの訓が与えられていた。大和の石上神宮の鎮魂などは、古くから有名で、『旧事本紀』によると、物部氏の祖先ニギハヤヒが天神から授かった十種の宝（各種の玉、鏡、剣、布などからなる）は、これを打ち振ると、死者でも生き返るという機能を持っていたという。沖縄などでは、現在でも、こうしたタマフリは民俗として残っていて、よく魂《マブイ》が抜けた病人に対して、巫女《ユタ》が招かれ、「魂籠め《マブイごめ》」を行なう。病人の霊魂が御所《グシヨ》（冥土）の食物を食べると、病人は助からぬという。

日本の古代には、このタマフリを、死体がまだ埋葬されず、仮の殯斂《もがり》の小舎に置かれている期間に行なったらしい。これを行なって蘇生しなかったなら諦めるのである。

イザナギ・イザナミの黄泉下りも、そうしたタマフリの呪法《じゆほう》と恐らく関係が深いと思われる。『日本書紀』の一伝では、この話の舞台は黄泉の国ではなく、殯斂所《もがりのところ》であったと語る話がある。また戒しめを忘れて火をともして覗き見、正体がばれて、破局となるという話は、もともとこうした儀礼におけるタブーから出た話なのであろう。ことに変死者に対しては、古代には无火殯斂《ほなしのもがり》といって、一種の灯火なしの殯斂の儀礼が行なわれたらしい。

イザナミの死体に数多くの雷神（古代には雷神は普通蛇体と考えられた）が生まれ、これらや黄泉醜女《よもつしこめ》のような冥府の悪霊が、これを統御する黄泉大神《よもつおほかみ》イザナミに率いられ、恐ろしい勢いで追跡して来るというモチーフは、大変スリルに満ちた話であるが、これは奈良朝末から平安初めにかけて盛んになった、いわゆる「御霊信仰《ごりよう》」と、どこか共通な思想を感じさせるものがある。平安初めの悲劇の女主人公井上《いのえの》内親王とか、時平にざん言された菅原道真などの怨霊《おんりよう》が、しばしば雷神や蛇体となって祟り、また冥府の悪霊の統御神《とうぎよしん》となったとされて恐れられたのと、いささか似た形である。イザナミの黄泉の国の物語は、『記』『紀』の編纂以前に、すでにそうした「御霊信仰」的要素が、ぼちぼち行なわれていたことを示すものであろう。

次々と投げたものが、みな障害物と化して追跡者をはばむというモチーフは、普通「呪術逃走型」といわれるタイプに属する。人類学者のクローバーなどは、この型の話が世界的に広く分布していることを述べ、かつその投げるものが必ず三つであることや、その投擲物の中に必ず櫛があることを指摘し、そのことからこの説話型は、同じ一つの母胎から出て伝播していったものだと説いたが、これはイザナギの神話においても言い得られることであろう。投げた物の中、桃は別に変化は語られないから異質のもので、あとから割り込んできたのであろう。桃が邪気をはらい、生を招く果実だとする中国や朝鮮などの大陸系の俗信から来た話である。『日本書紀』の一伝では、イザナギが大樹に向かって小便をしたところ、これが大川となり、ヨモツヒサメ（ヨモツシコメ）が川を渡ろうとしている間に、イザナギはヨモツヒラサカに着くのである。外国の話にも、大川ができる話は多いから、本来は桃の代わりにこの話があったのであろう。

こうした陰惨で汚穢《おわい》に満ちた黄泉の国のイメージが、横穴式古墳の内部や死体を仮に安置する殯《ひん》宮《きゅう》（モガリの宮）などの構造から形成されていったと説く学者もある。確かに、鬼気迫る暗い玄室の中に、安置された石棺、その中の腐乱した死体、暗く細長い羨道、またその入口を塞ぐ大岩などの存在は、暗い殿内に伏したイザナミの死体、ヒラサカでの追跡、大石を隔てての問答などのモチーフの形成と関係づけられるかも知れない。『日本書紀』の殯斂の所での話は、これを暗示するのであるが、しかし、またヒラサカに大岩を置き、道反大神と名づけたということは、後の道饗祭《みちあえのまつり》の行事とも関係し、道祖神の信仰とも関係してくる。

古代においては、村境、峠、坂、川の橋たもとなどに、岩石の神を祀り、外から村に侵入して来る悪霊や疫病の神などを防ごうとした。ことにあらゆる罪穢《つみけがれ》、災厄、疾病の精霊などは、根の国、底の国からやってくるものと信じられたから、道祖神はこれらを撃退し、もとの底の国に追い返す威力を持つと信じられた。道反《ちがえしの》大神という名は、これらを道の途中で追い返すという機能から出た名である。

『日本書紀』のある伝えでは、イザナギは追い来ったイザナミに向かい、「ここより足を踏み出してはいけない」といい、持って来た杖・帯・衣・褌《はかま》・履《くつ》などを投げ、それらがそれぞれ岐神《ふなどかみ》・長磐《ながちはの》神《かみ》・煩神《わづらひのかみ》・開囓神《あきぐひのかみ》・道敷神《ちしきのかみ》と化したという。これらの神はみな道祖神、および疫病の神であるが、後世の道祖神、サイノ神などでも、ゾウリやワラジ、衣料、リンガ状の棒などを供えて、病気の平癒《へいゆ》を祈ったり、旅の安全を祈ったりしている。このヒラサカでいろいろな装身具を投げ、それらが各種の道祖神となったという話は、そうした手向けの風習の由来話なのであろう。

このヨモツヒラサカについて、『古事記』では、出雲の国のイフヤ坂のことであると記されている。この地は正確には明らかでないが島根県八束郡揖屋《いや》町にある揖屋神社の辺りであろうといわれる。それにしても、出雲はイザナミの神陵がヒバノ山にあると伝えられたり、このヨモツヒラサカがイフヤにあると伝えられたりして、死の世界に関連があるように見える。スサノヲやオホクニヌシなどの根《ね》の国《くに》行きの話などでも、出雲はとかく死者の国である根の国や黄泉の国と同一視されている。

この理由としては、幾つか考えられる。大和平野に住む人々にとって、日の沈む西の果ての国出雲、重畳《ちょうじょう》する山岳を隔てた出雲は、死霊の住む他界に最も近い場所だと感じられたのであろう。また実際に、『出雲風土記』出雲郡（今の簸川郡の一部）の宇賀郷《うかのさと》の部分に見える、脳磯《なづきのいそ》の「黄泉《よみ》の坂・黄《よ》泉の穴《み》」といわれる自然洞窟（今の平田市猪目湾の西の岩窟）や、古く死者の住む所と信じられたらしい夜見の島（今の夜見ケ浜）などもあって、出雲は他界への入口であるとする信仰は、古代人に広く信じられたもののようである。

また出雲国が古く一種の特別な宗教王国で大和朝廷の人々から霊界視されていたということも、この同一視の理由になるであろう。

こうした他界信仰の中心は、古代には出雲の他に紀伊の熊野があり、またここにもイザナミの神陵があったわけである。死者の支配者である黄泉大神の神陵や、その往来の場所は、他界への入口である出雲と南紀とになければならないと考えられたのであろう。

ただこの二神の最後の問答の話は、有名なニュージーランドのタネとヒネの神話を思いおこさせる。タネとヒネとは兄妹であったが、兄は妹をだまして無理に結婚した。ヒネは恥じて自殺し、冥府ポーに行って偉大な夜の女神ヒネ・ヌイ・テ・ポとなる。タネは妻を追って冥府に行き、妻に会い「一緒に地上に戻ろうではないか」と誘った。ヒネは、「さようなら、タネよ。あなたは地上において、日の光で人民を生み殖やしなさい。これを死と闇に引きこみますから」と言ったという。ポリネシアには、他にも若干類似の形の話があって、人間の生死の原理を説明する神話となっている。日本のイザナギ・イザナミの生死問答も、この異伝の一つであろうが、日本のそれは人口増加の由来話となっているところに、古代日本人の一種の生成・発展的人生観を窺うことができよう。

私はこの二尊の黄泉下りの話は、この二尊の崇拝が紀伊や出雲に広まってから初めて発生したのではなく、その原型的なものは、恐らく淡路島附近で国生みや結婚の話とともに語られており、これが後世、海人の手によって紀伊や畿内、出雲などに運ばれてから御霊信仰とか古墳の印象とか道祖神信仰とかいろいろな時代的・地域的な影響や潤色を受け、現在のような形となったと考えている。

恐らく最初はもっと明るい海洋的な話であったろう。『延喜式』の「鎮火祭」の祝詞《のりと》によると、素朴な話が語られている。国生みの後、イザナミは火の神のホムスビ（カグツチと同神）を生み、ミホトを焼かれ、岩屋に隠れて、「七日七夜、わたしを見ないで下さい」といったが、夫は待ち切れず窺き見たところ、女神は夫の不実を怒り、別れて黄泉の国に下るのであり、その途中のヒラサカで、火の神の乱暴を鎮めるため、水の神、瓢《ひさご》、川菜、埴山姫《はにやまひめ》の四種類のものを生んだので、これで鎮火の祭り（古代の一種の火事予防の祭り）を行なうことになったと語っている。これで見ると少なくともその話の前半は例のトヨタマビメの話などと同じ形のもので、妻がお産で産屋に隠れたのを、夫が覗き見て正体を知り、これによって妻は他界に去って行くという筋である。つまり後世の蛇女房や竜宮女房の昔話などと同じタイプの物語である。もと淡路辺の海人達が二神の離婚の話として語っていたのを、後世、多分七世紀中葉頃の道祖神、疫神の信仰や、御霊信仰などの影響により、しだいに陰惨化し、また海洋性も失なって、暗い地下の黄泉の国での舞台となってしまったのではあるまいか。

しかし、いずれにしても、この黄泉国の物語は『古事記』および『日本書紀』の一書の伝えには見えるが、『書紀』の本文の伝えには、一つも触れていないことは不思議であろう。国家的・政治的な関心が、常に表面に表われている『日本書紀』には、ただ民衆の信仰上の意義だけの冥府の物語などは、記載の必要を認めなかったのであろう。

## 四　アハギ原のミソギと三貴子

さて、黄泉《よみ》の国から帰ったイザナギは、「大変醜《みにく》い穢《けが》れた国に行ったものだな。どれ禊《みそ》ぎをして潔めて来よう」といい、九州の日向《ひむか》の橘《たちばな》の小門《おど》の阿波岐原《あはぎはら》に出かけて行った。そこで持っているもの、身に帯びたものを次々に投げ捨てると、さまざまな十二柱の神が生まれた。

そこでイザナギは、「上流は流れが速いし、下流は流れが遅すぎる」といい、中の瀬に下って水中に潜り、禊《みそ》ぎをした。この時黄泉の汚穢《けがれ》から生まれたのが二柱の災《わざわい》の神、つまりマガツヒノ神である。そこでこの災厄をさけようと、カムナホビ、オホナホビ、イヅノメの三柱の神を生んだ。次に水底・水中・水面の順序で洗うと三種のワタツミノ神（海神）と三種のツツノヲノ神（航海の神）とが生まれた。ワタツミは安曇連《あづみのむらじ》らが祖先神として斎《いつ》きまつる神である。ツツノヲは津守氏の奉じる住吉大社の神である。

それから左の目を洗った時、生まれた神が、太陽神の天照大神《あまてらすおほみかみ》であり、次に右目を洗った時、月の神である月読命《つくよみのみこと》、さらに鼻を洗った時に建速須佐之男命《たけはやすさのをのみこと》が生まれた。この時父神はひどく喜び、その三貴子をめで、まずその頸にかけた玉をゆらがして、アマテラスに賜い、「お前は高天原《たかまがはら》を治めよ」と託し、次にツクヨミに向かって、「お前は夜《よる》の食国《おすくに》を治めよ」といい、最後に、スサノヲには「お前は海原を治めるがよい」と命じた。

このアハギ原がのちのどこに当たるのかは、古来いろいろと議論されたが、不明というほかない。日向《ひむか》の地にあるとされるが、この日向は、現実の日向《ひゅうが》の国（宮崎県）のことではなく、むしろただ朝日のさす国、陽光に面している国、というような普通名詞で、聖地を指す語であったらしい。日向という名のついた地名や神社名は、九州、大和、山城、播磨、など各地にあり、いずれも、朝日・夕日の照らす聖地とされている。

ワタツミの三神をまつる安曇氏は、海人《あま》族の宰領《みこともち》（支配豪族）で、その本拠地は、北九州の筑前（福岡県）糟屋郡、ことに志賀島がその中心である。この島に三柱のワタツミ、すなわちソコツワタツミ、ナカツワタツミ、ウハツワタツミが祀られている。これが志賀海神社《わたつみ》で『延喜式』に記されている古い社である。

ツツノヲの三神、ソコツツノヲ、ナカツツノヲ、ウハヅツノヲは住吉《すみのえ》の三神とも呼ばれ、三神一体の神として、崇拝され、その住吉神社の分社は、全国に分布している。これも海人族の神である。この中で、摂津（大阪）および穴門《あなと》（長門、山口県）、および筑前（福岡県）のそれは、特に三住吉《さんすみよし》と呼ばれ、古い格式を持っていた。摂津のそれは津守氏がまつっていたが、長門のそれは穴戸直《あなとのあたえ》がまつっていた。ツツノヲのツツは星のことで、三柱のツツノヲはオリオン星座の三つ星を指すのであろうといわれる。星は航海の目印になったから、海路の神とされるに至ったものであろう。

安曇系海人も住吉系海人も、ともに『神功紀』や『応神紀』などによると、大和朝廷の大陸遠征事業において、その手足ともなるべき有力な海上勢力であった。神功皇后に神懸りし、新羅遠征をせよという神託を、仲哀天皇に授けたのは、このツツノヲであり、皇后はこの神の加護によって、遠征に大勝利を占めるのである。凱旋後、皇后は神の教えに基づいて、摂津に大社を建て祀るのである。

イザナギの禊《みそ》ぎ祓《はらえ》による海神・航路神の誕生の話は、恐らく彼等を奉じる海人族の実際に行なった海浜でのミソギの行事の由来話であり、その反映であろう。

イザナギの左右の眼から日月二神が生まれる話は、比較神話学から言えば、天空神の両眼は日月であるという、世界的な古い信仰から出ているのであるが、またこの日月二神が海浜のミソギから誕生したという話は、日月が海から出て海に沈むという自然現象の観察に基づいている。これも古代海人の信仰であろう。

イザナギのこの物々しいミソギの本来の舞台は、果たしてどこであろうか。淡路附近を中心に結婚や国生みを行ない、また淡路の幽宮に永久に隠れ住んで、祀られたはずのこの神が、なぜわざわざ遠くの出雲の坂にまでも、地下の黄泉の国から出て来、おまけにその汚れを取り除くため、今度は南の九州の日向の海岸にまで、はるばると出張してミソギをするのであろうか。『日本書紀』の一書に、黄泉《よみ》の国から帰ったイザナギが、最初行ったのは粟門《あわのと》（阿波の鳴戸）および速吸名門《はやすいなと》（豊後水道）であるが、二者共潮流が激しすぎるのでミソギはできず、最後の橘《たちばな》の小門《おど》で、これを行なったところ善悪の神や各種の海神が生まれたという。これで見ると、道順上からは、この橘の小門は、どうしても九州のどこかのような感じがする。

しかし、イザナギは古くは決して九州には祀られなかったのである。その神の崇拝の痕跡がないところに、その神話が生まれるはずはない。イザナギの崇拝圏は、前にも述べたように、淡路、摂津、大阪湾沿岸から紀伊、大和にも及ぶ、近畿一帯である。

恐らくイザナミの本来の禊ぎの地は、やはりその国生みの中心であった淡路の附近であって、それが後に日向の阿波岐原とされたのであろう。最初に阿波鳴戸《あわのなると》で禊ぎをしようとしたというのは、ここが本来の舞台であったことを暗示する。

では日向の橘の小門という説話上の地名はどうして生まれたのであろうか。私はこの地名は、朝廷に古くから伝わる神功皇后の物語に皇后の体に憑《の》り移った住吉大神（三柱のツツノヲ）の託宣のことばから出ていると思っている。この大神は『日本書紀』によると、「日向の橘の小門の水底にいて、水葉《みずは》も稚《わか》やかに出でいる神」と名乗りをあげている。また『古事記』によると、この託宣のときが、この大神が初めて世の人に名を顕わしたときであるという。神功皇后が果たしてそうした託宣を行なったかどうかは、歴史学的には疑わしいが、このような神託のことばが、後世の民間の巫女《みこ》のお筆先のように、実際に住吉大社に伝わっていたのであろう。この神託の中にある「日向の橘の小門」ということばが、ツツノヲの神の誕生の地として考えられるようになり、これがのちにイザナギが禊ぎの際にツツノヲを生み出した海岸の名であるという神話を生み出したのであろう。イザナギの神話に出てきた地名だったから、神託のことばに出てきたのではない。実は逆なのである。

この「日向《ひむか》の橘の小門」というのは、恐らく巫女が神懸りをしたときに発する神話的な名で、ツツノヲが生まれた、朝日・夕日の照らす神聖な霊地であり、橘の実る地の傍の海峡を意味する普通名詞であったのであろう。これが後に九州の日向の国のどこかの海岸を指す名であると、地理的に考えられるようになったのであろう。

言いかえれば、イザナギが禊ぎの舞台として九州の日向を選んだという理由は、淡路のイザナギの崇拝に、摂津の住吉の神の崇拝が取り入れられ、両者が系譜的に親子関係とされるとともに、後者の神託に出てくる地名がこれに当てられたからであろう。

イザナギ・イザナミの神話は、最も素朴な形としては、その国生みも、黄泉下りも、禊ぎも、みな淡路附近を中心に行なったというのであろう。これが後にいろいろな他の要素が入りこんで来て、出雲だとか日向だとかいうような遠隔な地が舞台に引き出されたのである。『日本書紀』には、イザナギはあらゆる仕事を終えてから、「淡路の幽宮」に永久に隠れ住んだと伝えられるのである。

日月二神が、この同じ海岸の禊ぎから誕生したという話も、もともと淡路附近の海岸が舞台であったことはもちろんである。『日本書紀』の本文によると、この二神の誕生は、『古事記』に見えるような、イザナギの禊ぎのさいではなく、イザナギ・イザナミの国生みに続いて、この男女二神の御子として生み出されている。この伝えでは、ヒルコもこのときイザナギ・イザナミの子として生まれ、足の立たない不具児として天《あめ》の磐楠船《いわくすぶね》に載せられ流し棄てられ、また三貴子の一人としてのスサノヲも、これに続いて生まれている。

私の考えでは、イザナギ・イザナミの本来の三貴子は、アマテラス、ツクヨミ、スサノヲではなく、元来淡路の海人の奉じていた固有の日月神と太陽の子ヒルコの三者であったのであろうと考えている。これが後世、皇室神話の体系の中に組み入れられるに至って皇祖神の天照大神《あまてらすおほみかみ》、その弟の月読命《つくよみのみこと》、それに最後に出雲系の大神スサノヲがそれぞれこれらに取って替わったのであろう。

スサノヲとヒルコとは『日本書紀』の一伝には、両者ともはなはだ似た内性を持ち、混同されているような形が見える。両者共幼時は不具者で、両親からうとまれて、遠い国に放ち流されるのである。出雲パンテオンの祖神スサノヲはイザナギの三貴子とされてからは、高天原ではむしろ髯《ひげ》が長く伸びて成長しても物言わず、哭《な》き叫ぶという、異常児とされている。これは案外もともとはヒルコの内性であったのかも知れないのである。

三貴子というようなトリオの内容は、そうした歴史的・政治的事情によるものであるが、ワクとしての三神併立の信仰そのものは、アメノミナカヌシ、タカミムスビ、カミムスビの造化の三神や、住吉のツツノヲの三神、宗像《むなかた》の三女神など、古代には少なくはなかった。後に述べるように、東南アジアの日蝕神話に、日・月・暗黒星の三兄弟ないし三姉妹がいて、最後の末弟ないし末の妹の暗星によって日蝕や月蝕がおこるという神話なども、のちの天石屋戸《あめのいわやど》神話との関連において、日本の三貴子との類似が感じられるし、またミクロネシアのギルバート諸島で、創造神ナ・レアウが、最初の人間の男デ・バボウと女デ・アイとを作り、さらにこの二人が婚して、太陽と月と海との三人の子供を生んだという神話とも、類似が感じられる。三貴子のスサノヲは海を支配するということになっているからである。いずれにしても、このトリオは、どこか南方的な色彩があることはいなめない。

また印欧民族などに見られる三神のトリオに、(1)司祭、(2)戦士、(3)生産者の三者からなる社会構造を汲み取り、それぞれの神の社会機能を論じようとするフランスのデュメジルなどの学説と対応させて、日本の三貴子をも、そうした三機能を表わすと主張する大林太良・吉田敦彦氏などの説もあるが、日本の三貴子の場合は、そう簡単にはゆかないのである。アマテラスなどは確かに後世は(1)の神らしい特色を持って来たが、古くは伊勢の海人の太陽神だった形跡もあり、またスサノヲは、(2)の特色もないことはないが、(3)の要素も濃い。ツクヨミなどは(1)と(3)の要素を兼ね持っている。いずれも、長い歴史の変遷を経て現在に至ったものだからである。

# 日・月二神とスサノヲの崇拝

## 一　アマテラスは皇祖神か

天照大神《あまてらすおほみかみ》は一名大日孁貴《おほひるめむち》ともいい、皇室の祖先とされる太陽の女神であり、伊勢の大神宮（内宮）に祀られている。アマテラスという語は、アマテルの敬語的用法で、文字通り「天上を照らし給う」の意で、太陽神にふさわしい名である。

ところが、この敬称を取った形のアマテルを冠する神を祀った神社が、『延喜式』の神名帳とか『三代実録』など、平安初期の文献に、数多く見られる。たとえば、大和城下郡《しきしものこおり》の鏡作《かがみつくり》や、同国城《しき》上郡《がみのこおり》の他田《おさだ》、摂津島下《しましも》郡の新屋《にいや》、山城葛野《かどの》郡の木島《このしま》などにあった天照《あまてる》御《み》魂神社《たまのかみのやしろ》、丹波天田《あまだ》郡の天《あま》照玉命《てるたまのみこと》神社、播磨揖保郡の天照《あまてる》神社、対馬下県《しもあがた》郡の阿麻氐留《あまてる》神社などがこれである。

この中で対馬の阿麻氐留神社は、後世の照日権現《てるひごんげん》、ないしオヒデリサンという名の神で名称だけ見ても太陽神らしいが、この神は、『日本書紀』顕宗天皇三年の条を見ると、「日神」とはっきりと呼ばれており、阿閉臣事代《あべのおみことしろ》という人物に神託を下し、対馬の豪族である対馬県直《つしまのあがたのあたえ》に自分と先祖のタカミムスビを祀るように命じている。またこの神は、『旧事本紀』では、対馬県主《つしまのあがたぬし》の祖神の天《あめの》日《ひ》神命《みたまのみこと》という名となっている。

つまり皇室のアマテラス女神とは、はっきりと系統の異なる対馬系の太陽神であったことだけは明らかである。対馬では、後世まで、太陽崇拝は行なわれ、朝日の光に照らされて娠《はら》んだ乙女から生まれた天道法師（天童菩薩）に関係する伝説や祭儀などもある。この対馬の日神を山城に遷し祀ったのが、山城の木島《このしま》の天照《あまてる》御魂《みたま》神社、現在京都市右京区太秦《うずまさ》にある木島《このしま》神社、俗に蚕《かいこ》の社であるといわれる。

古代においては、皇祖神以外に、各地に、アマテル神とかアマテルミタマノ神とかいう名で、太陽の神を祀っていたらしく、しかもこれらは多く女神ではなく、男神であったらしいのである。後世の民間の田植歌などでも、田の神のサンバイ様は、太陽の神を父とし、竜蛇を母として生まれた存在であると歌われたりしていて、必ずしもアマテラス女神の信仰とは一致していないのである。

多くの各地のアマテル神、アマテルミタマノ神には、なお幾つかの共通点があったらしい。すなわち、前述の(1)男性太陽神であること、のほかに、(2)海人が奉じ祀った神であったこと、(3)尾張連《おわりのむらじ》氏ないしその分族・支族の奉じていた神が多かったこと、等々がこれである。

大和、摂津、丹波、播磨などにあったその社は、みな尾張氏の祖神火《ほ》明命《あかりのみこと》を祀っているし、また尾張氏の同族がこれに奉仕していた。

火明命は、『日本書紀』には、「天照国照彦火明命《あまてるくにてるひこほあかりのみこと》」とか「天火明命《あめのほあかりのみこと》」とか呼ばれ、その意味は、「天地に照り輝く神」を意味し、太陽を表わす名である。その系譜は『記』『紀』の幾つかの伝えによって異なり、天照大神の子のオシホミミと、タカミムスビの娘のタクハタチヂヒメとの間に生まれた子で、ホノニニギの兄に当たっているとか、あるいは、ホノニニギの子で、例の海幸彦《うみさちひこ》・山幸彦《やまさちひこ》の兄弟のさらに兄に当たるとか、いろいろであるが、要するに、こうした大和朝廷のパンテオンに適当に位置づけられるに至る前には、尾張氏やその同族の人達によって祀られていた、天照御魂神《あまてるみたまのかみ》という名の太陽神であったのであり、これを『記』『紀』の皇室の祖先の系譜の中に組み入れるのに際し、ホアカリノミコトという名の天孫の一人だとしたのであろう。

尾張氏という名の豪族は、尾張の国の国造家で、熱田神宮を祀り、濃尾地方一円を支配していたが、またその同族は大和の葛城地方にも住み、五、六世紀の頃、宮廷にしばしば后妃《きさき》を差し出したほどの名門であるが、不思議なことに、海人族と関係が深かった。

平安時代の『熱田大神宮縁起』という書では、「海部《あまべ》は尾張氏の別姓なり」と記されている。崇神《すじん》天皇の妃の大海姫《おほあまひめ》とか、大海部直《おほあまべのあたえ》とか、凡海連《おほしあまのむらじ》とか、但馬海直《たじまのあまのあたえ》とかも、みなその一族であった。海部《あまべ》は、海人《あま》の集団で朝廷から部曲《かきべ》（職業団体）を編成させられたものを指し、海直《あまのあたえ》や凡海連《おほしあまのむらじ》は、それらを統轄・支配し、朝廷に仕えていた豪族である、尾張氏が海部氏とも呼ばれていたのは、やはり海人族の豪族で、海部を支配していたからである。

この尾張氏の天照御魂神《あまてるみたまのかみ》（火明命）や対馬の天照神《あまてるかみ》（天日神命《あめのひみたまのみこと》、照日権現《てるひごんげん》）ばかりでなく、古代には各地に太陽神を祀っていたと思われる痕跡があり、『三代実録』などを見ると天照高日女神《あまてるたかひめのかみ》（伯耆）、日乃売神《ひのめのかみ》（隠岐）、豊日神《とよひのかみ》（大和）、朝日豊明姫神《あさひとよあかるひめのかみ》（大和）などの女性太陽神らしい神名や、天照真良建雄神《あまてるまらたけをのかみ》、天照御門神などといった男神らしい神名も見える。

紀伊の日前神宮《ひのくまじんぐう》も、『日本書紀』には天照大神を祀るといわれ、紀伊の国造が仕える大社であるが、もともとは皇室とは無関係の太陽神であったらしい。

これらの古代の男女の太陽神は、とかく海人《あま》族の根拠地に祀られている場合が多く、海人《あま》の漁獲物を神饌《しんせん》とした場合が多い。

伊勢・志摩の海人《あま》の献上する漁獲物で祭りを行ない、漁民集団であった磯部《いそべ》を支配する豪族であった度会《わたらい》氏や、宇治土公《うじどこ》氏などが神職として仕えていた伊勢の天照大神もその例外ではないが、民間の天照御魂、天日神命などの崇拝の栄えた尾張の中島郡や海部郡、対馬島、日前神宮の紀伊名草郡（現在の海草郡）など、みな海人の重要な根拠地であった。

伊勢の天照大神も、恐らくもとはこのような漁民の奉じる太陽神であった。これも古くアマテル神と呼ばれていたことは、『万葉集』や『神楽歌』に、「天照るやひるめの神」と呼ばれていたり、伊勢内宮の鎮座するすぐ近くの神路山《かみじやま》を古来アマテル山とも呼んでいたりしていることでも判る。この神が、もと男神であったらしいことは、古くは伊勢の外宮の神道学者なども考証したことがあったし、また近代の研究では、津田左右吉、折口信夫、筑紫申真、岡田精司などの諸家がいろいろと考証しており、また筆者も、これについては幾つかの著書にも書いたことがある。有名な『通海参詣記』に見える、伊勢の斎宮《さいぐう》（未婚の皇女が大神に仕える巫女《みこ》となったもの）の夜の御衾《おふすま》（ふとん）に大神が通い、蛇の鱗《うろこ》を落としてゆくという俗伝や、『記』『紀』に見える。大神が男装をしてスサノヲに立ち向かったという神話なども、こうした痕跡を残している。

伊勢漁民の間には、現在でも二見浦の二見興玉神社の輪じめなわや、神島のゲーター祭で、日の御《み》像《かた》と呼ばれる、グミの木を編んで作った大きな輪などの行事に見られるように、太陽崇拝を物語る行事が多い。

こうした漁民の素朴な太陽神に、ある時代に（恐らく五世紀の初め頃か中葉頃）、大和朝廷側で着目し、これを皇室の氏神と見なし、斎宮を派遣し、その大神の妻として奉仕させ、度会氏や宇治土公氏のような従来からの漁民出身の社家のほかに、中臣《なかとみ》、忌部《いみべ》などの官僚的な中央貴族を遣わして、この上に立たせるなど、種々な方策を取ったのであろう。この結果、アマテル神はアマテラス大神という特別な敬称をつけられて、他とは区別され、他の氏族でこれを祭ったり、幣帛《へいはく》をささげたりするのを禁じたりするようになった。

この大神の別名オホヒルメは、もともとこうした男性太陽神に仕える「日妻《ひるめ》」すなわち太陽神の妻である斎女《さいじょ》、言いかえれば斎宮を指す語であったものが、のちに大神自身の名とされるようになり、また大神の本来の性は忘れられ、斎宮の印象の方が強くなっていって、女神となっていったのであろうと考えられる。

オオヒルメという名が、太陽神の妻を表わす語であったことは、大隅正八幡宮（鹿児島神宮）の古い縁起に、ある中国の大王の娘のオオヒルメが、朝日の光を身に受けて娠み、生まれた御子とともにウツボ船に入れられて流されるという話があるのを見ても判る。この御子は太陽を父とし、ヒルメを母とする日の御子であったわけである。

『日本書紀』によると、三種の神器の一つであり、アマテラスが自分の代わりにこれを祭れといって、孫のホノニニギにわたしたという八咫鏡《やたのかがみ》は、最初は天皇が代々同じ宮殿の中で、大神の神体として祀っていたが、同じ宮殿に置いてはおそれおおいというので、十代の崇神《すじん》天皇のときに、皇女トヨスキイリヒメにつけて宮廷の外に出した。最初大和の笠縫邑《かさぬいのむら》（今の大和の大神《おおみわ》神社の近く）に遷し、祀っていたが、後に皇女ヤマトヒメが代わって、大神の御杖代《みつえしろ》（神霊の杖の代わりになるヨリマシの巫女）となり、伊勢の地まで旅をして行ったが、大神が「ここは良い地だ」と言われたので、その地に留まり、宮を建てて祀った。これが伊勢神宮の起源であるという。

こうした伝説は、歴史的事実であるとは考えられないが、五、六世紀頃から行なわれていた斎宮派遣の由来を語る話である。この制度は、中世の後醍醐天皇のときまで続き、七十六代の斎宮が立ったのである。

アマテラスが、皇室の祖神とされ、アメノコヤネとかフトダマなど、中臣や忌部などの貴族の祖神達に取り巻かれるようになる以前には、海や船に関係の深い、素朴な漁民の信仰であったという痕跡は、神話や祭りの中にも表われている。その最もよい例は「太陽の舟」の信仰である。

古代人は、太陽の神が天空を旅するには、何か乗物が必要と考えていた。世界の諸民族では、馬、猪、蛇、鳥などいろいろであるが、一般には馬と船の二種が最も広い分布を持ち、広く知られている。ギリシャ神話、北欧神話、バビロニア神話、ペルシャ、インドの神話、また中国の神話などの、古典的に有名な太陽の乗物は、馬車であったが、それより古く、かつユーラシア大陸の南部からオセアニアなどにかけて、広い分布を持っていた太陽の乗物は船であった。

古代エジプト人が、太陽神ラーが船に乗って、空を旅し、また夜は地下の死者の世界を旅すると信じ、パピルス文章や墓壁に、こうした太陽の船を画いたのは有名であるが、スウェーデン、ブルターニュ、アイルランドなどの岩壁彫刻や古墳の壁の彫刻などに画かれた、太陽の船の像なども、この信仰の表われである。みなへサキとトモとがそり上がったゴンドラ型の船で、その上に太陽を表わす円とか同心円とか輪十字とかが描かれ、またこれに乗る人物などが象徴的に描かれる場合もある。

松本信広氏は、この信仰が、東南アジア、インドネシアなどにも行なわれていたことを考古学や民族学のいろいろな証拠を挙げて論証し、この信仰文化が日本古代にも行なわれていたことを、明らかにされている。筆者も、これが中国南部や、オセアニアなどにも広がっていることや、古代の海人がその信仰のにない手であることなどを、いろいろと考察したことがある。

日本でも太陽の船の信仰は古く行なわれ、『播磨風土記』を見ると、天照大神の船に猪を献上したという話がある。また『住吉大社神代記』によると、昔、船木連《ふなきのむらじ》の祖先のオホタタノミコトが、日の神のために船を作り、これを大八洲《おおやしま》に出したという神話があり、この神の作った船を、長屋の墓と三枝《さきぐさ》の墓に納めたということが記されている。

外国の太陽船と同じく、日本でも太陽の船は墳墓や死者と結びついていたのである。福岡県浮羽郡福富村で発見された、西紀五、六世紀頃の珍敷塚《めずらしづか》古墳の玄室の巨石に描かれている壁画には、やはりゴンドラ型の船が画かれ、その後部にカイをにぎる人物、前方部に、二本のマストと帆が描かれ、へサキには鳥がとまり、舟の上方には太陽を表わす同心円が描かれ、明らかに太陽の船である。

伊勢にも、そうした信仰が行なわれたらしく、『延喜式』神名帳によれば、「大神の御船《みふね》神社」という社が度会郡の部に記されている。また内宮の神体は御船代《みふなしろ》という箱に納められていることが、『皇太神宮儀式帳』その他の書に記されている。

この船や海に関係深い内宮の神は、大和などの山間の盆地から移された神であったはずはない。恐らく海人の奉じる天照御魂《あまてるみたま》などの素朴な太陽神であったのであろうが、五、六世紀の頃の朝廷の政策、たとえば神鏡を作って祀らせるとか、斎宮の派遣とか、中臣や忌部などの中央系祭官の派遣とか、いろいろな手段により、しだいに皇祖神化し、威厳ある天照大神のイメージが形成されていったのであろう。

イザナギの崇拝の源泉地であった淡路島には、別にアマテラスは祀られておらず、またイザナギは宮廷には祀られてはいなかった。

従ってイザナギとアマテラスとの親子関係などは、淡路で生み出された神話ではない。また宮廷でイザナギを皇祖神の親とする信仰が古くからあったとは思えない。

## 二　ツクヨミとその神話

この関係はイザナギと月の神との親子においても言い得るし、イザナギの生んだ月の神は、もとからツクヨミだったかどうかは疑問であるが、しかし、ツクヨミそのものは、『万葉集』に「つくよみをこと」とか「つきひとをとこ」とか歌われていて広く民間伝承的存在であったから、アマテラスの場合とはやや異なっている。

月の神の崇拝も、古くは海人の信仰と結びついていたらしい。『万葉集』に、

秋風の　清き夕《ゆふべ》に　天《あま》の漢《がは》
船榜《こ》ぎ渡る　月人壮子《つきひとをとこ》　（巻十）

大船に　真楫《まかぢ》繁《しじ》ぬき　海原《うなばら》を
　榜《こ》ぎ出て渡《わた》る　月人乎登古《つきひとをとこ》　（巻十五）

などと歌われるのは、月神も船に乗るとした海洋民の観想に基づいている。これは単なる文学的表現ではない。『日本書紀』の三貴子の分治の神話の一書の伝えでは、イザナギの三貴子の治める国は『古事記』と異なり、海を支配せよと命じられるのは、スサノヲではなくして、ツキヨミであると語られる。また鎌倉時代の『神名秘書』に収められている『機殿儀式帳』によると、伊勢多気《たけ》郡の魚海《うおみ》神社の祭神は、海神のトヨタマヒコとトヨタマヒメとともにツクヨミが祀られていて、『神名帳考証』などの書によると、社殿は船の形であると伝えられる。

古代において、月が海の汐の満干と結びついているという観想が、月神による海の支配という信仰を発達させたのである。他の民族でも、たとえば、ドイツで、月の中の巨人が身をかがめ水を汲んで地上に注ぐと海が満潮になり、身を起こしその手を休めると干潮になるという俗信があり、ニュージーランド、エスキモーなどでも、同様な月神が潮を支配するという信仰がある。

月の船という観想は、バビロニアやシュメールで、月の神シンは船に乗っている姿として考えられ、その祭りに船山車《ふなだし》が出たことは有名であるが、南太平洋のポリネシアでも、月の女神ヒナはしばしば船に乗る存在として語られている。海洋民らしい信仰である。

日本の昔話でも、そうした要素は残っている。薩南の甑島の話に、昔、三人の兄弟の末の弟が、兄達に憎まれ、だまされて地の底におとされるが、弟は二十三夜の月を信仰し、拝み続ける。三年目の九月二十三夜に、月が三体に分かれて現われ、中央の一つは天上に、左右の二つは船と船子となって、その弟を載せ、白浜という海浜に着き、天に上っていったという。後世の二十三夜待《まち》などの信仰に影響されているが、古い固有信仰が中核となっている。

『延喜式』を見ると、壱岐《いき》、丹波《たんば》、出羽《でわ》、山城、伊勢などに、月神を祀ったらしい神社の名が見える。ことに有名なのは、壱岐の月読神社である。この神は、前に述べた顕宗《けんぞう》天皇の三年のとき、日神が託宣した前月に、やはり人に憑《の》り移り、同じ阿閇臣事代《あべのおみことしろ》という人物に神託を下し、壱岐県主《いきのあがたぬし》の祖先の押見宿禰《おしみのすくね》という人物に山城で祀らせている。山城葛野《かどの》郡の月読神社（京都市右京区松室山添町）がこれである。『旧事本紀』では、この月神はツクヨミではなく天月神命となっている。壱岐は古来有名な海人の中心地で、後世でも、小崎蜑《あま》や八幡蜑などの潜《もぐ》り蜑で知られている。ここから山城や丹波などにその崇拝が遷されたのであろう。

アマテラスが鎮座している伊勢度会《わたらい》郡にツクヨミを名とする神社が二社（月読宮、月夜見神社）あって、両宮の別宮となっており、また内宮摂社の川原神社などもツクヨミを祀るとされているのは、単にアマテラスの兄弟であるからではなく、この地の海人磯部《いそべ》の信仰していた神であったからであろう。月読宮の祭神などは、平安初めの『皇太神宮儀式帳』などによると、馬に乗る男神で、紫色の衣を着て太刀を帯びた姿であるというが、これは後世の観想で、もとは同じ伊勢の魚海神社の月神のように船と結びついていたのであろう。

私などは、アマテラスとツクヨミが姉弟で、共にイザナギの子であると伝える神話的系譜は、もしかすると、伊勢地方で醸成されたのかも知れないと思っている。ここには三者の社が相接し、関係づけられている。

国家的な性格を持つ日本神話の中に、純粋な自然神であるツクヨミが、それほど活躍するはずはないのは当然であるが、それでも若干は存在する。

『日本書紀』によると、ツクヨミがアマテラスの命を受けて、葦原中国《あしはらのなかつくに》に保食神《うけもちのかみ》（食物の神）を訪れたとき、ウケモチは口から御飯や魚類、獣肉などのごちそうをいろいろと出してこれでツクヨミをもてなそうとしたので、これを見たツクヨミは怒って「口から出したものをもってわしに食べさせようとは、実に穢《けが》らわしい、鄙しいことをするやつだ」といい、直ちに剣を抜いてこの神を切り殺した。後で報告をきいたアマテラスは怒って「お前は悪い神だ。二度と会いたくない」といい、それ以来この日月二神は昼と夜とで別々に別れて住むようになったという。これは日月が昼と夜とに分かれて出ることの理由を説明する自然神話であるが、この食物の神のもとに月神が訪れ、その接待が悪いといって、食物神を殺すことは、昔、月神を祭り、これに対して祭りかたが悪ければ、神は神罰を与えると信じた古代信仰から出ている説話であろう。

この後で、アマテラスはアメノクマノウシを遣わし、ウケモチを見届けさせると、ウケモチの頭から牛馬が、ひたいの上から粟が、眉の上からまゆが、眼の中から稗が、腹の中から稲が、陰部《ほと》から麦および大豆・小豆が、それぞれ生じた。アメノクマノウシはこれをアマテラスに献じたところ、大神は喜んで、粟・稗・麦・豆を畑に、稲を田に植え、天上の田畑とし、管理者天邑君《あめのむらぎみ》を置いた。これによって農耕や養蚕の道が始まったという。クマノウシのクマは祭りに神に献る稲を指す語であるから、この人物は神饌《しんせん》を掌る司祭を表わす名である。ウケモチのウケは、伊勢外宮の祭神トヨウケビメのウケや、稲の精霊《スピリット》ウカノミタマのウカ、と同じく、もともと食物を表わす名である。

これは古代の農耕の祭りの由来を語る神話であるが、この話にある、ウケモチが殺されて死体から穀物が生じ、農耕が始まったというモチーフは、古代ヨーロッパやオリエントなどに見られる、オシリス神とかタンムーズ神などの若い神の死と農耕の起源に関する神話にもあって、世界的に広い信仰である。

この母胎となる信仰は、J・G・フレーザーなどによって、(1)この神は、穀物に宿る精霊であり、(2)人々は収穫に際し、穀物を鎌で刈り取ることによって、この穀霊を殺し、(3)これを播くことによって埋葬し、(4)これが発芽することによってその復活を信じ、(5)この過程を祭りのときに再演することによって、穀物の収穫が順調であることを願った呪術的な信仰であると説明された。

しかし、その後、A・イエンゼンなどによって、こうした話は、五穀などの栽培以前の、イモ類などを栽培する原始農耕民にもあることが判った。これは「ハイヌウエレ型」の神話という。インドネシアのセラム島の神話に、昔、ハイヌウエレという名の、ココ椰子の花から生まれた少女が、祭りの夜殺され、その死体から各種のイモ類ができたというのがある。ハイヌウエレは、また時々満ち欠けする（彼等の考えによると死んで復活する）月とも同一視され、ラビー・ハイヌウエレ（月娘ハイヌウエレ）とも呼ばれる。これは月と農耕の結びつきを信じた原始農耕民の神話である。こうした祭りにはしばしば人身犠牲が行なわれ、神話を実演したのであり、これによってイモ類の豊作を祈ったのである。

日本でもツクヨミがウケモチを殺し、その体から五穀ができるのは、やはりそのタイプであるが、ただ日本の場合は、イモは一つもでて来ない。もっぱら五穀であるのは、この神話が五穀の栽培民の手に移り、それから日本に渡来したことを示すものであり、大林太良氏などは、これを粟の栽培を行なっていた東南アジア系の農耕民が日本にもたらしたのであろうといっている。それは、この話の類話が『古事記』にあり、ここではツクヨミとウケモチではなく、スサノヲが穀物の女神オホゲツヒメを殺すという話となっていて、しかもこの女神の崇拝の母胎地は、『古事記』に四国の阿波の別名をオホゲツヒメというと記しているように、阿波の国であること、またここは古く粟の栽培と結びついていたらしいことなどの理由からである。

オホゲツヒメの話は、スサノヲが高天原から追放されたとき、途中でオホゲツヒメを訪れ、食を乞うたところ、ヒメは鼻、口、尻から種々の食物を出して献げたので、これを窺き見たスサノヲは「穢ないものを食わせる気か」と怒ってヒメを殺した。するとヒメの死体の、頭から蚕、両眼から稲種、耳から粟、鼻から小豆、陰部から麦、尻から大豆、というふうに、いろいろな物が化生した。そこでカミムスビがこれを取って、種子とし、農耕を教えたという。これも古い農耕神話で、スサノヲは一種の水の神であり、これを迎える田の祭りに、若い女オナリが殺されて、神に捧げられたという記憶が、この説話を形づくっているのであろう。それにしても、この場合におけるスサノヲの登場は必然性がなく、その結末もはっきりしないが、ウケモチの方は、この殺しが日月の離反の動機となっていることから見ても、筋が一貫している。おまけにツクヨミの登場は、月と原始農耕との結びつきを、よく残していて、この方こそ古い形を留めている。

後世でも、月はしばしば農耕に関係深く、八月十五夜の月見は、民間では芋名月《いもめいげつ》といい、また九月十三夜のそれは豆名月といい、また両者とも作神・農神に対する穂掛《ほか》けの行事が行なわれるなど、いろいろとかつての月と農耕との結びつきの信仰を思いおこさせるものが多い。

このような月と農耕との結びつきの理由は、恐らく原始時代から世界的に広く信じられていた月と雨露や水との結びつきであろう。

月の表面の黒い陰を、兎が杵を持っている姿だと考えるのは、ビルマ、中国、日本など、東亜諸国にあるが、ヨーロッパ、シベリア、ポリネシア、アメリカ・インディアンなど、広大な分布を占めるのは、月の中にある人物が桶や器をもって水を汲む姿である。

私は、この俗信のおこった原因として、月や夜露の供給者と考えた原始信仰を挙げた。古代人や原始人は、草原が朝露でびっしょりとぬれているのを不思議に感じたためである。星空で月夜だった前の晩には、雨が降ったはずはない。

とすれば、当然、その水のもたらし手は、月神か星神でなければならない。月の中の影法師は、地上に水をふりかける人物か神かの姿であると考えられたのである。

これが一旦固定した考えになると、月はあらゆる雨水や洪水などのもたらし手とされ、またあらゆる水の支配者とされる。インド、イラン、バビロニア、アメリカ・インディアン、メキシコなどでは、月神が同時に水の神であり、雨露の恵み手であるとされ、またオーストラリア、メキシコなどで、月神が大洪水をおこすという神話がある。

これに、さらに海洋民などの間に知られた月と海の潮の満干との密接な関係などの観念が加わると、月神はさらに海洋を含めた広い水界の支配者となり、貝や牡蠣《かき》、またこれから生み出される真珠などもその象徴とされ、また反面に雨露が成長させる草木や穀物の支配者、あるいは水に関係深い蛇、トカゲ、蛙などの動物の管理者ともされるのである。

日本の沖縄でも、月の中には水桶を天秤棒でかつぐ男がいるという俗信が広く行なわれていることは、石田英一郎、ニコライ・ネフスキーなどの学者が紹介している。月の中には、アカリヤザガマ、ないしアカリヤニザ、ないしアカナーなどという名の男がいて、スデ水（若水《わかみず》）を入れた桶を持って立っていて、毎年シツ（旧の五月の農耕の祭り）の夜、柄杓でこの水をまき散らすので、この夜は小雨が多いと伝えられている。

しかし、この沖縄の月男《つきおとこ》の水は普通の水ではなく、若水、つまり若返りする水であった。その伝説に、昔、月が人間共に若水を浴びさせて若返りさせ、不死の特権を授けようと、この男を使いにやり、若水と死水とを二つの桶に入れ、下界に下らせた。若水は人間に、死水は他の動物に浴びせよ、というのであったが、途中で、一匹の蛇が彼のゆだんを見すまし、若水を浴びたため、死水だけが残った。仕方なく死水を人間に浴びせたため、人間は死ぬ運命となり、蛇は春毎に脱皮して若返りをし、長寿となった。その男は叱られ、月の中で水桶をかつぐことになった。しかし、神は人間に永久の生命でなくとも、多少の若返りくらいはさせようと、シツの夜、若水を下界に下すのであるといい、その祭りの夜、家々では井戸から若水を汲むのであると、伝えている。

日本の本土では、古くから、正月に年男が若水を井戸で汲む行事がある。また『万葉集』巻三に、

天橋《あまはし》も　長くもがも　高山も　高くもがも　月読《つくよみ》の　持たる変若水《をちみづ》　い取り来て
君に奉りて　変若《をち》得《え》てしがも

（天上にかける橋も長ければよい。高山も高ければよい。もしそうなれば、ツクヨミの神がもたらす若水を、その橋や高山を通って取りに行き、あなたに献上してそれによってあなたを若返りさせたい）

という歌があるのは、日本でも古く月神が若水をもたらすという信仰があったことを、示している。

ネフスキー氏や石田氏は、この万葉歌が、正月の若水の習俗の原始的意義を良く説明していて、また沖縄のアカリヤザガマの話と同じような伝承が、かつて日本本土にも存在していたことを表わすものであると説いているのは恐らく正しい。

しかし、この「月の若水」という観念は、単に月と雨露との関係からのみ発生した考えではない。これには、別にまた広大な分布を持つ「月と不死」の信仰から生まれた観想なのである。

古代人や未開人は、月の満ち欠けを人間の生死になぞらえて考え、月が死んでも（欠けても）再び復活する（満ちる）ように、人間も絶えず生まれ替わって、永遠の命を保ちたいと考えた。つまり月は永遠の生命のシンボルであったのである。

アフリカのホッテントット、ブッシュメン、マサイ、バンツー、南太平洋ではフィージー、ポリネシア、ミクロネシア、オーストラリア、ヴェトナム、カンボジアなどにわたって、広大な分布を示している説話に、昔、月が人間の先祖達に向かい、「私が毎月死んでも復活するように、汝ら人間も死んだら再び復活し、永遠に生きよ」という、ありがたい達示を授けたが、その伝令をになって出かけた、ある動物（兎、犬、蛙、兎と亀など）が、故意か過失かにより、その命令を取り違え、まったく逆の命令を伝えたので、それ以来人間は死ぬ運命と定まったというのがある。人間の死の由来を説明する説話である。

この人間の死の起源説話は、この「月の盈虚《えいきよ》（満ち欠け）型」の他に、「蛇の脱皮型」というのがある。蛇、トカゲ、蟹《かに》、蝦《えび》などの脱皮する動物は、時々自分の古い皮膚を脱いで若返りをし、従って殺されない限り、死なないという特権を持つ。そしてこの不死の特典を、本来人間が授けられるはずであったのを、これらに奪われたのであると説明するのである。この型も、西アフリカ、ニューブリテン、その他のメラネシア、ニューギニヤ、サモア、スマトラ、ヴェトナム、ギヤナなどにわたる広大な分布を示している。バビロニアのギルガメッシュが不死の薬草を蛇に奪われた話や、『旧約聖書』のエデンの園でイヴ女が蛇にだまされて不死の楽園を、夫もろともに追放される話なども、みなこの型の一変形である。またこうした話の脱皮型動物は、みな水にゆかりのある動物ばかりなので、月信仰とも結びつき、時として、この「蛇の脱皮型」と前に述べた「月の盈虚型」とが結びついた複合型説話が生まれることもある。

こんな説話は、一般に、神（多く月神）が不死の恵みを人間に授けようとし、ある動物を遣わすが、途中で蛇がこれを邪魔して奪ってしまうという筋である。東アフリカのガラ族などに語られている。

沖縄の月の若水の話は、正にこの型に属しているのであるが、ただこの「若水」ということ自体は、他の民族の間では、そう広い信仰ではない。日本以外にこの信仰が行なわれていさえすれば、日本のそれの文化系統もある程度判るかも知れない。

ところが、ポリネシアの月の女神ヒナ、シナは、月の中で、水を容れた瓢を持って立っているとされた存在であるが、また時々彼女は、「生命の水」で人を若返りさせたり、復活させたりする説話がある。

「月の若水」という観念は、私の考えでは、南方系の「月と不死」の信仰と、内陸アジア系の「月と雨露」の信仰との結合した復合的信仰文化の産物であり、ポリネシア、日本、沖縄などに見られるが、その母胎地は、恐らく東南アジア、南シナなどであろう。

日本のツクヨミの崇拝は、恐らく海人族の伝えていた南方系の若水信仰を母胎としたものであろうが、この上にさらに中国系の「月と不死」の神仙説が加わっている。中国の月の女神常娥と不死の薬、インドの月宮殿などの伝説も、もともと原始時代の「月と不死」の信仰から発達し、道教や仏教の中に取り入れられ、風土化した形となったものに過ぎないが、一旦そうした形が定まるとまたそれらの宗教文化の普及・伝播に伴ない、東亜諸国に伝えられたのであろう。

『山城風土記』逸文によれば、ツクヨミが、アマテラスの命を受けて、下界に降り、ウケモチのもとに到った時、一本の神聖な桂の樹があったので、これに倚り立った。その樹のあった地を桂の里という。

月に桂があるという説は、中国では古く、九世紀半ば過ぎの『酉陽雑俎《ゆうようざつそ》』という書を見ると、月の中に五百丈くらいの大きな桂の樹があり、その傍で呉剛という名の男が絶えず斧を揮《ふる》ってこれを切り倒そうとしていて、切っても直ぐきずがなおるので、いつまでも倒れないと伝えている。この不死の桂の伝説は、むろん「月と不死」の原始信仰の変形である。

『万葉集』にも、こんな歌がある。

もみぢする　ときになるらし　月人の　かつらの枝の　色づく見れば

(月男にゆかりのある桂の枝が色づいたのを見ると、紅葉の秋の頃となったらしい)

山城には、葛野郡葛野に前述の月読神社があり、また綴喜郡樺井にも月神社が『延喜式』に記されていて、いずれも壱岐の卜部《うらべ》(亀卜《きぼく》などで朝廷に仕える司祭達の団体)がもたらしたものであったらしいが、またこの辺一帯は古くから秦氏などの帰化人が住み、また壱岐卜部氏そのものも、後には中臣一族が称したが、ひどく帰化人色の強い氏族であるため、海人族固有のツクヨミも、しだいにこうした中国の神仙説ふうの色彩を濃くしていったのであろう。

ツクヨミという名も、「月日よみつつ」などという言葉が『万葉集』にしばしば現われ、「月日を数える」という意味を表わしていることから見ると、農耕の基礎となる、カレンダーに関係する名であり、これも帰化人と関係する。壱岐のツクヨミ神社が、『旧事本紀』では天月神命《あめのつきみたまのみこと》と呼ぼれているのは、むしろこの名の方が古い月神の名なのであろう。

## 三　根の国からの神スサノヲ

三貴子の最後に生まれたスサノヲは、その中でも最も異色のある存在で、淡路の国生み神話においては、全くのよそ者として他から割りこませられた神であったらしい。

スサノヲ（須佐之男、素戔嗚）がイザナギの鼻から生まれる点も、日月が両眼から生まれるのに対し、多少そぐわない。この神の任せられた領土も、『記』『紀』の伝えによって、幾通りも異なっており、根の国であるとか、天が下であるとか、海であるとか、さっぱり一定しない。またこの神の崇拝は、淡路にも伊勢にも行なわれなかった。平安初めの伊勢の内宮のことを記した『皇太神宮儀式帳』にも、イザナギの子として日月二神はあげられているが、スサノヲについての記載はない。

この神の名は、タケハヤスサノヲとか、ハヤスサノヲとか、タケスサノヲとかいって、勇武を表わすタケとかハヤとかの語がついている。スサは「荒れすさぶ」ないし「勇み進む」という意味の語で、ヲは「男」であるから、スサノヲとは「荒れすさぶ男」を表わす名であるという説が古来行なわれている。

この神が天地をゆるがして号泣したり、高天原で乱暴を働き、大騒動を巻きおこしたりする点から見れば、こうした名は、その内性にふさわしいようである。しかし、この神の実際の崇拝が行なわれていた出雲などでは、すこぶる平和な神であって、そうした名にはふさわしくない。

実は、この神の名は、その崇拝の行なわれたスサという地名から取られたもので、スサノヲは「スサの男」を意味する語にすぎない。

この神はいわゆる出雲系の神であり、出雲は、この神の崇拝の中心地であった。『出雲風土記』を見ると、この神およびその御子神の説話が、出雲東部から西部にかけて、ほとんど全域に行なわれている。スサはその飯石郡にある地名であり、『風土記』には、この神のことばとして「この国は小国であるが、国処《くにどころ》がある。従ってわが名は木石《きいし》につけまい」といい、自分の魂を鎮めたところとなし、大須佐田《すさだ》・小須佐田《すさだ》を定めた。故に須佐という、と記されている。スサという地とスサノヲの名とが関係することは明らかである。

この神の崇拝が出雲の小盆地の須佐に始まり、しだいに出雲の他の地方にも拡がり、最後に、大和朝廷の神話体系の中に取り入れられ、三貴子の一人となり、アマテラスの兄弟神とされるに至ったのであるとする説が、いろいろな学者によって唱えられている。

確かに、この神の崇拝や神話が、出雲を大きな中心地としていたことは事実であり、またその重要な拠点がスサであったことも間違いないようである。

しかし、この神の崇拝は出雲以外にも行なわれていた。『延喜式』や『三代実録』には、紀伊、備後、播磨、隠岐などにその神を祀る神社があったことが見える。ことに、紀伊在田郡には須佐神社があり、これは名神大社と格づけられていて、出雲の須佐社よりも社格が遥かに高い大社であった。

紀伊は、この神と関係が深く、『日本書紀』の一書の伝えには、この神が最初朝鮮にわたり、そこに御子のイタケルノ神としばらく住み、やがて「この地には長居《ながい》はしたくない」と言い、泥で舟を造り、いろいろな樹の種子を積んで日本の紀伊に渡り、イタケルとその二人の妹神とともに、これを日本国中に播いたという。紀伊の国は古くからキの国と呼ばれ、良材に恵まれ、このイタケルを祀る伊《い》太祁曽《たきそ》神社や、その妹を祀る大屋都比売《おおやつひめ》神社や都麻都比売《つまつひめ》神社が、樹木の神として崇拝されていた。

この木材で、遠洋航海用の船を造り、これで中国や朝鮮まで押しわたって貿易したり、大和朝廷の外交や軍事に利用されたり、また遠洋漁業を行なったりすることで、この紀伊半島沿岸の海人達は、五、六世紀頃には盛んに活躍をしていた。

スサノヲは、もともとこのような紀伊の海人達の奉じる神で、海や船にも関係が深く、また船材としての樹木の神でもあったのである。『書紀』では、この神が髯《ひげ》、胸毛、尻の毛、眉の毛などを抜いて、いろいろな樹木に変え、船材に当てたと記されている。

この神が海を支配せよと命じられたり、朝鮮にわたったりしているのは、この神を奉じる紀伊の海人が、朝鮮沿岸にまでも活躍していたことを表わしている。この紀伊の海人の子孫が、中世に名高い海賊雑賀衆《さいがしゅう》である。

私は、この神の信仰や神話は、最初は出雲ではなく、紀伊であり、その名は紀伊のスサから始まったのだろうと思っている。

この神の内性ははなはだ複雑であるが、ただ一つの顕著な特性は、根の国との密接な関係である。この神は、生まれたとき、あまりに激しく泣き続けるので、父神から根の国に行けと命じられたり、高天原を追放されたとき、やはり神々から根の国に追放されたり、また樹木の種を播いた後、熊成《くまなりの》峰《たけ》から根の国にわたったりしている。また大国主が彼に会うために訪れる国も根の国である。

根の国とは後世では底の国ともいわれ、地下にある暗黒の死者の世界であるとされ、黄泉の国と同じものであるとされた。しかし、古くはそうではなく、海の果てにあると信じられた、霊魂の往く他界であったらしい。ここには神々や先祖の霊魂も住んでいて、そこから時を定めて、国土を訪れる神の信仰があった。

ネの国のネという語は、生命の根源という意味で、この国は死霊ばかりでなく、あらゆる生命の本源地とも考えられていたらしい。

このネの国と語源的にも同系の信仰と考えられるものに、沖縄のニライカナイ、あるいはニルヤ、ネンヤ、ニラ、ニイルなどと呼ばれる楽土の信仰がある。これは海のかなたの他界であり、また稲とか火とかあらゆる生命や豊饒《みのり》の源泉でもあり、また古い祖霊の住む国でもあった。ここからニイル人とかマヤの神などのような、時を定めて舟に乗って訪れ、国土に豊饒《みのり》をもたらし、また若者達を一人前の男にしあげるための成年式《イニシエーション》を施したりした。これは稲の大祭穂利祭《プーリー》などの信仰であった。

日本のネの国でも、古くはこうした海上の他界から新嘗《にいなめ》の祭りとか、年の初めに来訪する神は、豊饒を土地にもたらし、また若者達に成年式を施していったらしい徴証が数々あることは、折口信夫博士などの研究でも知られている。このネの国は後に分化し、死霊の国という概念は、地下の根の国・底の国という形となって残り、他方の生命の源泉地という概念は、海上の神仙の島とされ、中国の蓬萊山の信仰と見わけがつかなくなった「常世《とこよ》の国」という形となって残った。

このような海上他界の信仰は、日本では恐らく海人の持ち伝えていたものではないかと考えられる。沖縄や奄美《あまみ》などの南島か、古くは海人の住んでいた地である。

またこうした海上他界の信仰は、マレイ半島のサカイ、およびジャクン族、メンタウェイ、ニコバル、ボルネオ、ワツベラ、ケイ、チモールラウト、サヴ、ロッティ、レテイ、ケイサル、メラネシア、ニューギニヤ、ポリネシア、オーストラリヤ東南部などの、オセアニア方面に広がっている信仰である。これについては大林太良氏や棚瀬襄爾氏などや、外国ではR・モス氏などがいろいろと調べているし、また私も、これと古代日本のそれとの関係や、またそれらの信仰の中に含まれている太陽信仰や、舟葬などの風習を論じたことがある。

また沖縄のニライカナイや、日本古代のネの国や常世の国から、時を定めて来訪する神の祭りと同じような、仮面・仮装をした、精霊ないし祖霊が舟に乗って海上から現われ、稔《みの》りをもたらし、少年達に激しい苦業的試練《オーデヤル》を課す、秘儀的な祭りも、南方には多く、ニューブリテン島のドクドクなどは有名である。これについては岡正雄氏などが、早くに日本や沖縄のそれとの比較を行ない、その類似性を指摘し、同一系の文化の産物であるとされている。

スサノヲも、恐らく、もともと紀伊の沿岸地方一帯の海人達に信じられていた、海のかなたの根の国から来訪する神であったのであろう。彼は舟に乗り、樹木などの種子を積み、海上から現われ、若者に成年式を施し、田畑に稔りをもたらしたのであろう。そして、やがてその祭儀の中心であったスサの名を取って、この神の名をスサノヲと呼ぶようになったのであろう。

この神の崇拝を、海人達が移動や交易をするに従って、各地に運び、方々にその神社や祭りができたが、古墳時代の四世紀末か五世紀初め頃、さらにこの南の熊野海人などと協同し、熊野の神（ケツミコ大神、これも一種の樹木神）や、北紀のイタケソの神などもその眷属に加え、瀬戸内海をまわり、裏日本の出雲にまで進出したのであろう。

彼等は古くから熊野諸手船《くまのもろてぶね》、熊野船《くまのぶね》などという、独特の航海用の船を持っていた。『伊予風土記』逸文に、昔、熊野という名の船が石に化したので、その地を名づけて熊野というと記され、野間郡熊野峯の地名由来となっている。熊野という名の神社は、『延喜式』を見ると、紀伊と出雲の熊野坐《くまのにます》神社（熊野大社）の他に、近江、越中、丹後などにもあった。みな古代の紀伊海人や熊野海人の活動によるものであろう。現在でも北九州の漁村部落などでは「熊野」を苗字とする家が多い。

出雲の熊野大社はクシミケヌという祭神を祀り、出雲意宇《おう》郡の意宇《おう》川の上流の熊野山の麓に鎮座する。『出雲風土記』や『出雲国造神賀詞』などの出雲側の伝承では、「イザナギの愛子《まなご》」と呼び、極力スサノヲとの同一視につとめていて、現在でもスサノヲの別名だと考えている。紀伊の熊野大社でも同様である。

出雲と紀伊の両熊野大社は、古くから同じ神だと信じられていたが、その先後関係においては、出雲の方が古いとし、出雲から紀伊に遷されたのであるという伝承が、中世には行なわれていたが、私は、むしろこれは逆で、紀伊から熊野海人によって出雲に運ばれたのであろうと考えている。

出雲と紀伊は古くから地名や神社にも共通なものが多く、須佐だの加多だの伊達神社だの早玉神社だのといった名が、双方にあり、神話でもしばしば結びついていた。本居宣長などは、これを同一文化圏にあったものと考えたし、神道学者の宮地直一氏などは、出雲から紀伊に、古代の出雲人達が移住したのであろうと考えた。

しかし、私は、逆に紀伊から海人によって出雲に運ばれたものと考えているのである。『延喜式』を見ると、紀伊と出雲の両国に同じ社があるものは、みな出雲のそれは小社とされているのに対し、紀伊のそれは名神大社ないし大社とされている。本家が紀伊であったことは明らかである。

スサノヲも、やはりそうした形で、その信仰が紀伊から出雲に行き、出雲で数多くの土着の神々の崇拝と結びつき、これらを包摂して御子神としたり、その根拠地の一つを須佐に定めたりしたのであろう。

この神は元来海を越えて根の国より来訪する存在であったから、海や船に関係を持っていたのである。また広い海域に活躍した海人の神であったから、備後《びんご》、播磨《はりま》、隠岐《おき》などにも、その社があったのである。この性格は出雲の山奥の小盆地の須佐だけからは、とても出て来ない性格である。

この神が、皇祖神アマテラスの兄弟神とされ、天地をゆるがして高天原に昇り、アマテラスを脅やかし、岩隠れさせるのも、もともと民間に根強い信仰を持つ有力な神であったからであろう。根の国から来訪する神である彼は、その接待が悪いと、暴風雨をおこし、荒しまわるし、また悪い疾病をはやらせて、多くの人々を殺すのである。

『備後風土記』逸文では、この神は北海にいる武塔の神であると名乗り、蘇民将来《そみんしょうらい》と巨旦将来《こたんしょうらい》という二人の兄弟のもとに訪れ、自分を冷遇した弟の家を罰し、疫病でことごとく殺し、厚遇した兄の家を保護するのである。

しかし、彼のこうした一面だけを見て、彼を暴風雨神であるとか、疫病の神であるとか、単純に片付けることは、問題であろう。この他に、平和な面も持っているからである。

ただ大和朝廷側としては、その信仰的勢力がなみなみでなく脅威に感じたから、神聖な高天原の秩序を破壊する赤つらの敵役のように扱ってしまったわけであろう。

# 高天原の神話

## 一　真王と仮王のドラマ

イザナギの三貴子の中、日月二神は、それぞれの国をよく治めたが、スサノヲは、さっぱりときききわけなく、その任せられた海原を、治めようとせず、ただ泣きさわぐばかりであった。長い髯《ひげ》が胸もとに垂れるほどの年齢になっても、泣いてばかりいてむずかった。そのさまは、草木の茂った青山を枯山にするほど泣きからし、海も河もことごとく泣き乾してしまうというありさまであった。

そのため邪神が荒れさわぎ、あらゆる災禍がおこった。そこで父神がスサノヲに泣く理由を尋ねると、「私は母のイザナミのいる根の国に行きたいと思って泣くのです」と答えた。

イザナギはひどく怒り、とうとうスサノヲを根の国に追放することにする。スサノヲは、そこで高天原に昇って、姉のアマテラスにいとまごいをしようとする。

そのときのスサノヲのありさまは、「山川ことごとに動《とよ》み、国土みな震《ゆ》りき」という、すさまじい勢いであったので、アマテラスは仰天した。「弟があんな勢いでやって来たのは、もしかすると、私の国を奪いに来たのかも知れない」と考え、髪を解いてミズラに結《ゆ》い、男装をし、両手に八尺《やさか》の曲玉《まがたま》を巻きつけ、弓矢をたばさんで、決然と立ち向かった。

スサノヲは、姉神の詰問に答えて、「私は別に何のやましい気持ちもありません。父上から追放されましたので、ただいとまごいに来ただけです」と言った。しかし、大神は安心しないので、天の安《やす》河《かわ》を挟んで、ウケヒ（誓約）をすることになった。

まず、アマテラスがスサノヲの十峯剣《とつかのつるぎ》を乞い受けて、それを三段に折り、さらさらと天の真名井《まない》の水で洗い、これを噛みくだいて、ぷっと吹きつけた。すると、その白い霧のような息吹《いぶ》きの中から、タギリビメ、イチキシマヒメ、別名サヨリビメ、次にタギツヒメの三柱の女神が生まれた。次にスサノヲが大神のつけていた八尺《やさか》の曲玉《まがたま》を五百津《いほつ》のみすまるの珠《たま》（多くの曲玉《まがたま》に糸を通している一種の頸《くび》飾り）を乞い受け、同じ方法でふきつけると、アメノオシホミミ、アメノホヒ、アマツヒコネ、イクツヒコネおよびクマノクスビの五柱の男神が生まれた。

三女神はスサノヲの「物実《ものざね》」（神霊の憑ります物体）によって生まれたのだから、スサノヲの御子とし、五男神はアマテラスの物実から生まれたものだからというので、大神の御子とし、互いに生んだ御子を交換することになった。スサノヲは大神に向かって、「私の心が清いということは、これで判ったでしょう。私がおだやかな心の持主であったればこそ、私に女の子が生まれたのです」といい、大得意でいた。三女神は北九州の福岡県の宗像《むなかた》神社の祭神で、それぞれ奥津宮《おきつみや》、中津宮《なかつみや》、辺津宮《へつみや》の三所に鎮座している。宗像君《むなかたのきみ》らがこれを祀り、三前《みまえ》の大神と号せられた。

五男神の中で、オシホミミは、皇室の祖先とされ、ホヒは出雲国造《いづものくにのみやつこ》、武蔵国造《むさしのくにのみやつこ》、上海上《かみうながみ》国造、下海上《しもうながみ》国造などの諸豪族の祖先とされ、アマツヒコネは、凡川内《おおしかうち》国造、額田部湯坐連《ぬかたべのゆえのむらじ》、茨木《うまらき》国造などの諸族の祖先とされている。

以上が『古事記』の伝えであるが、この天《あめ》の真名井《まない》の話には異伝が多く、『日本書紀』では、日神とスサノヲとが互いに相手の持物を用いてという形でなく、それぞれ自分の身に帯びている玉や剣を用いて、女神と男神とを生み、それらを互いに交換するという形も幾つかある。これによると、オシホミミはアマテラスの実子ではなく、養子という形になる。

むしろ最初から日神の御子とされたのは、宗像の三女神の方であったらしく、『書紀』には、はっきりと「日神の生める三女神を葦原中国《あしはらのなかつくに》の宇佐嶋《うさじま》に降す。今、海北道中《うみのきたのみちなか》にあり。道主貴《みちぬしのむち》といふ」と記されている。この三女神は、後世の『西海道風土記』によると、天降った時、まず埼門山《さきとやま》に降り、青い玉を奥津宮《おきつみや》（現在の宗像《むなかた》郡の北西海上の沖の島）、紫玉を中津宮《なかつみや》（宗像郡の海上の大島）、八咫《やた》の鏡《かがみ》を辺津宮《へつみや》（宗像郡玄海町田島）に、それぞれ自分の象徴《エンブレム》とし、神体として、三宮に納め、身を隠したという。

この三宮は、北九州から南朝鮮に到る海路の要衝《ようしょう》で、航海の守り神として、朝廷からも篤く信仰された。また朝鮮半島との外交・軍事にも重要な役割を果たした宗像海人族の奉じた海の女神であった。

前にも述べた、対馬の海人族の長対馬県直《つしまのあがたのあたえ》の奉じていた天日神命《あめのひみたまのみこと》や、尾張氏の系統を引く海部直《あまべのあたえ》、凡海連《おおしあまのむらじ》ら海人の豪族の奉じた天照御魂神《あまてるみたまのかみ》などの太陽神の崇拝にも見られるように、海人《あま》族と太陽神とは常に結びついていたから、宗像《むなかた》海人族も、もともと太陽神の崇拝を持っていて、宗像の三女神はこれに仕える巫女《みこ》の神格化であったのかも知れない。鏡や玉は、もともとその仕えていた日神の象徴であったのかも知れない。これが後に皇祖神のアマテラスと結びつけられたのであろう。

道貴主《みちぬしのむち》という名は、海路を支配する神を意味し、三女神の称号である。この三女神の中のオキツシマヒメを祀る沖ノ島は、玄界灘にある周囲四キロの孤島で、島全体が神体とされ、今でも女人禁制で、タブーに満ちた神域である。近年大規模な遺跡調査が行なわれたが、縄文・弥生・古墳の各時代の祭祀遺跡や遺物に満ち、古代史研究の宝庫である。

これに対して、五男神（書紀では六男神となっている伝えもある）とアマテラスとの関係は、多少政治的な配慮に基づいて作られた系譜であるように思われる。

この男神達を祖とする諸豪族は、東国、近畿、中国など広大な地域にまたがり、これらがみなかつてそうした系譜で結びついていたとは思われない。この話は、要するに、皇祖神アマテラスと、出雲系の古い霊格であるスサノヲとを、姉弟神であるとするばかりでなく、共通の子孫を持つ一種の夫婦神であるとし、いろいろな地方の豪族どうしを同族系譜の中に組み入れようとして作り出された物語であろう。

この子生みを、正常な結婚の形で行なうのではなく、相手の神の物実《ものざね》を口に含んで吐き出すというような神秘的な方法で行なっているのは、処女神としてのアマテラスの信仰が強かったためであろう。剣や玉を物実として処女が神の御子を生む話は、肥後和男氏も説くように、『古事記』に見える三輪の大物主神《おおものぬしのかみ》や『山城風土記』逸文の賀茂の別雷命が、丹塗矢《にぬりのや》に化して、人間の乙女に近づき、娠ませて御子を生んだという、いわゆる処女受胎神話、神婚説話における観想と同じものであり、ただこれを交互に行なった形であるということができる。

しかしまた、このような呪物を口に含んで霧のように水とともに吹き出すという形で、ウケヒが実際に行なわれたことも反映しているのであろう。ウケヒとは、一種の誓いの呪的儀礼で、神に誓いを立ててその徴しを求め、事の吉凶成否を判定するのである。この判定の方法にはさまざまあるが、ここでは生まれる男女の性別による方法が用いられたのである。ただ実際に行なわれたウケヒの習俗としては、口から霧のように吹き出すことによって虹などを出現せしめ、そこに神霊の顕示を見るというような方法が無かったとは言えない。

スサノヲが自分の支配下の海原を治めず泣き騒いで青山を枯山にするということは、この神が海の果ての根の国から訪れるのに、もし機嫌をそこねたら暴風をおこし、また逆に旱魃を惹きおこして、大凶作を招くという、古代の信仰を表わしている。根の国に追放されるという筋は、彼が死者の世界、根の国の存在となった理由を神学的に説明した話である。

アルタイ・タタールやブリアート族などの、地下の冥府に住む魔王エルリックや、コリヤック族の冥府王カラウなど、シベリアの諸族の死者の神・冥府の神は、みなスサノヲと同じように天上界に住む神であったのを、悪事を犯して、追われて、地下に住み、病気や災厄や死を人間にもたらす存在となったと語られている。スサノヲも、青山を枯山にするという恐るべき凶害をもたらす神であるが、また後に述べるように、天の石屋戸の神話で、アマテラスの体を傷つけ、あるいは病気にかからせ、岩隠れ（死を意味する）させる元凶でもあると語られ、また『備後風土記』逸文の蘇民将来の説話では、恐るべき疫病の神武塔神《むとうのかみ》・牛頭天王《ごずてんのう》と同一視されている。スサノヲが死者の国である根《ね》の国・底《そこ》の国に住み、人間に疫病や死をもたらす存在であると考えられたことは確かであって、そうした面では、シベリアのエルリックやカラウとも似ている。

しかし、こうした疫病の神としての内性は、スサノヲ本来のものではない。根の国が底の国・下津《したつ》国《くに》とされ、地下の暗黒の黄泉国《よみのくに》と同一視されたのは、『道饗祭祝詞』のような後世の作物においてであって、決して古い形ではない。スサノヲの住む根の国はもともと『古事記』の大国主《おおくにぬし》の神話に見られるように、むしろ現世と同じく明るい国であり、また沖縄のニライカナイと同じような海上の他界であると考えられたのである。従ってスサノヲが散々天上界で悪事の限りをつくしたから、またはアマテラスを病気にかからせたから、ここに追放するという思想は、古い形ではなく、根の国を禍事《まがごと》や疫病の根源地であると見なすようになった頃の産物であろう。私はこうした信仰は、せいぜい七世紀以降の産物ではないかと思っている。

しかし、ともかく大和朝廷では、この神の民衆における古くからの人気や、その神威のすさまじさに敬意をはらい、アマテラスの兄弟神と見なし、また一面にアマテラスの高御座《たかみくら》を脅かす恐るべき強敵のように描いたのであろう。彼のすさまじい驚天動地の高天原上りは、これを物語っている。ここでは、彼は一種の巨人的な神である。

ギリシャ、北欧、ペルシャ、ヒッタイトなどの印欧《アリアン》民族の神話には、またそうした天つ神に反抗・対立する巨魔族の説話がある。

たとえば、ギリシャのヘシオドスの『神統記《テオゴニア》』に、テュポーンという、百の蛇の頭と足を持ち、両眼から火焔《かえん》を吹き出す大怪物が、天地をゆるがしてオリンパスのゼウス大神の天つ御座《みくら》に攻撃を加えて来、大神をはじめあらゆる天つ神達は敗れ去り、大神は手足の筋を切られ、岩窟に幽閉される。のちに神々の助けにより大神は力を回復し、怪魔を雷電で撃ち倒すという話がある。ヒッタイトの春の新年祭プルリに諷誦《ふうじゅ》される神話にも、嵐と天候の大神が、悪竜イルヤンカスと闘い、これを退治するモチーフがあるが、最初大神は悪竜に打ち負かされ、心臓と両眼を持ち去られて、力を失うのであるが、神々が集まって謀り、女神イナラスが英雄フパシアスと情を通じ、共に謀って、竜を酒で盛りつぶし、これを捕える。力を回復した大神は神々の王座につくのである。

このような、いわゆる「天上の王権」型という説話は、一定の筋を持ち、(1)天の大神の玉座を冒そうとして、巨魔が天地を揺がして攻撃し、(2)その結果大神は一時敗れ、死に瀕するか幽閉され、(3)巨魔が一時玉座を占めるが、(4)後に神々の助けにより、これを退治し、(5)大神は再び回復して、玉座に再び登る、というような筋で、その間、神と女神との聖なる結婚などが語られる。

こうした話は、単なる物語ではなく、エジプト、バビロニア、ヒッタイト、ペルシャなどの、古代オリエントに広い宮廷・国家的祭典としての新年祭の筋書にも関係していることは、リットルトン、ガスター、フックなどオリエントの研究者達が論じているところである。これらの新年祭には、一定のパターンがあり、創世神話が口唱されたり、神と邪霊や悪竜が闘争したり、神が一時敗れて殺され、あるいは幽閉され、後に復活して、魔神を退治し、女神と結婚し、再び天上の玉座につく、というような祭式ドラマが行なわれた。王が普通主神の役をつとめ、神代の大御業《おおみわざ》を再現し、邪霊と闘ったり、聖婚を行なったり、死んで復活する形を表わしたり、高御座《たかみくら》について、宇宙の王者としての神聖な資格を宣言したりした。神が殺されたり、隠れたりしている間は、王はどこかにこもり、仮の王が選ばれ、高御座に登り、王のよそおいをし、したい放題の宴楽や淫楽を行なうが、祭りが終わると彼は追放されるか殺されるかして、真の王が再び現われ、高御座につくのである。

ここでは真の王は、主神を表わし、仮の王は、その秩序を打ちこわす魔神を表わしていると言えよう。仮王の登場による無秩序は、世のはじめにおける混沌を表わしている。

新年祭に、そうした神の代理であり、宇宙・国土の保持者でもあるとされた王が、そうした開闢《かいびゃく》の時代の神話を、儀礼によって再現することは、宇宙・国土を、一旦そのような聖なる時代に引き戻し、新しく更新させることになると、古代人は考えたのである。一陽来復の春も、国土の豊かなみのりも、こうした定期的な、王の聖なる寿命や資格を更新する祭りによって初めて保証されると信じられたのである。従ってこうした祭りは、春の初めとか、冬至や春秋の分とか、農耕の折目などに行なわれ、穀物の豊作を祈る祭りとも、しばしば結びついていた。

日本のアマテラスとスサノヲの対立も、何かそうした神と巨魔との対立、真王と仮王との対立を思い出させるものがある。アマテラスが、自分の位を窺おうとするのではないかと、弟の心を疑い、これに男装して立ち向かったという話などは、大神の古い男神的要素を物語るものであろう。また一面に宮廷の古い祭式ドラマをも表わしているものであろう。

後で、スサノヲが散々天上界で乱暴を働き、その結果、アマテラスが怒って岩隠れするのも、真王の隠退と仮王の登場を表わしているようにも見える。アマテラスの岩屋からの出現と、スサノヲの根の国追放は、真王が復帰し、仮王が殺されたり、追放されたりする風習と対比させられよう。

古代の稲の収穫祭であった新嘗祭は、冬至の頃に当たっていて、「太陽の新生する日」とも考えられていたが、同時に天皇の神聖性を更新する祭りでもあるとされていた。宮廷の新嘗は、特に大嘗《だいじょう》祭《さい》と呼ばれ、天皇自らが日の御子として祭主となった。これは古い新年祭であったらしいことが、折口信夫氏などによって説かれている。こんな祭りの時に、天上の田を荒し、日神の高御座《たかみくら》を冒そうとする邪霊の役が出て、散々道化を演じるというようなことがなかったとは言えまい。宮廷神話におけるスサノヲは、一面にそうした性格を持っているのである。

これは、本来海の果ての根の国から訪れて来る豊饒《みのり》の神スサノヲとは全く別人である。『記』『紀』のスサノヲは、本来異なった二つの神格を重ね合わせたものなのである。高天原での彼の役は、一種の赤っ面《つら》の敵役《かたきやく》として登場させられているに過ぎないのである。

## 二　太陽神の復活—天の石屋戸

天の安河《やすかわ》のウケヒで天照大神に勝ったスサノヲは、大得意になってさまざまの乱暴を働いた。大神が耕作していた田の畔をとりこわしたり、その溝《みぞ》を埋めたり、大嘗祭を行なう御殿の上に、糞をまき散らしたりした。しかし、大神はこれを善意に解して、一向にとがめようとしなかった。するとスサノヲはますます図の乗って乱暴を働いた。

とうとう大神をすっかり怒らせるような大失態をしてしまった。というのは、大神が忌服屋《いみはたや》（神聖な機織殿《はたおりどの》）にこもり、神に供える衣《ころも》を織っていた時、その服屋《はたや》の屋根から、皮を逆剥《さかはぎ》にした馬を投げこんだので、機《はた》を織っていた天衣織女《あめのみそおりめ》は驚いて梭《ひ》で陰部《ほと》を衝いて死んでしまった。

これにはさすがの大神もすっかり驚き畏れ、天《あめ》の石屋《いわや》の中に隠れてしまった。太陽の女神の岩隠れのため、高天原《たかまがはら》は暗黒となり、永久の夜が続いた。そのため方々で邪悪な神々や精霊共の荒れさわぐ声が、五月蠅《さばえ》のようにわきおこり、いろいろな災厄がおこった。

八百万《やおよろず》の神々は、心配の余り、天《あめ》の安河原《やすかわら》に集まり、タカミムスビの子のオモヒカネノ神の智恵を借り、まず常世《とこよ》の長鳴鳥《ながなきどり》（鶏のことらしい）を集めて鳴かせた。次に天の安河の河上にある堅い岩を採り、天《あめ》の金山《かなやま》の鉄を採って来て、鍛冶の神のアマツマラ（またはアマツマウラ）を探し求め、イシコリドメに八咫鏡《やたのかがみ》を作らせ、タマノオヤには玉を作らせた。そして榊の上の枝に八尺瓊曲玉《やさかにのまがたま》をかけ、中の枝に鏡をかけ、下の枝にニギテ（幣帛）をかけた。この榊はアメノコヤネとフトダマとが天《あめ》のカグヤマの牡鹿《おじか》の肩甲骨《けんこうこつ》を、焼いて卜《うら》なった上で、カグヤマから根こじにしたものである。この榊をもってフトダマが岩屋の前に立ち、アメノコヤネがそのそばで祝詞を奏した。

その時、アメノウズメという女神が、カグヤマの日影《ひかげ》の蔓《かずら》（サガリゴケ）をたすきにかけ、まさきの蔓《かずら》を髪かざりとし、カグヤマの笹の葉を手に持ち、岩戸の前に宇気《うけ》（桶を伏せたような形のもの）をふせて、その上を音も高らかに踏み鳴らして踊り始めた。神懸《かみがか》りのようになって踊り狂う間に、乳房《ちぶさ》もあらわに、陰部《ほと》まで見え隠れするという姿となった。そこで高天原をゆるがすばかりに神々が笑い興じた。

あまりの騒がしさに、不思議に思った大神が、天《あめ》の岩戸を細目にあけて、その訳を尋ねた。するとウズメは、「あなたより貴い神がいらっしゃったので、みな喜んでいるのです」と答えた。その間に、アメノコヤネとフトダマとが、例の八咫鏡《やたのかがみ》を差し出して見せると、大神の顔が映った。不思議に思った女神がさらに身を乗り出すと、かねてから隠れていたアメノタヂカラヲがその手を取り、岩戸から引き出した。すかさずフトダマが岩戸の入口に縄をはりわたし、再びその中に入ることなきよう大神に懇願した。

こうして天地も再び明るく照り輝いた。八百万《やおよろず》の神々は、この事件の当の責任者スサノヲに、千位《ちくら》置戸《おきど》（莫大な償いの品）を出させ、鬚《ひげ》と手足の爪を抜き、根の国に追放することを決定した。

高天原を追い出されたスサノヲは、根の国に降って行く途中、長雨が降っていたので、青草を束ねて蓑笠《みのかさ》とし、神々に宿を乞うたが断わられた。この時以来、蓑笠をつけて、あるいは束ねた草を背負って、他人の家に入ることは忌むべきこととされ、これを犯したものには罰が科せられることになった。

またスサノヲは途中で飢えを覚え、食物の女神オホゲツヒメに食物を所望した。ところが女神は鼻や口や尻からさまざまな食物を出し、もてなした。物かげから見ていたスサノヲは「汚いものをわしに食わせる気か」と激怒し、女神を斬り殺してしまった。女神の死体の頭から蚕、両眼から稲種、両耳から粟、鼻から小豆、陰部《ほと》から麦、尻から大豆が、それぞれ生えた。カミムスビノ神がこれを取って種子とし、農耕が始まったという。

これは『古事記』の伝えであるが、『日本書紀』でも、ほぼ大同小異で、日神の岩窟入りを語っている。本文の伝えに、アマテラスが新嘗《にいなめ》の祭りを取り行なっていた時、新嘗の宮に大便をし、また大神自身が機織りをして、神衣《かむみそ》を織っていた時、馬を剝いで投げ入れたので、大神自ら梭をもって身を傷つけ、岩窟に入るのである。また一書の二の伝えでは、スサノヲが新嘗の神床《かむどこ》の下にこっそりと糞をし、日神が知らずして坐り、病気に患り、岩隠れをするのである。一書の一では、体を傷つけて死ぬのは、ワカヒルメということになっている。

こうしたいろいろな異伝を並べ合わせて見ると、その説話の最も古い形は、アマテラス自身が新嘗の祭りの時に、体を傷つけ、または病気に患って岩隠れするという形であったことが判る。「岩隠り《いわがく》」という語は、『万葉集』などを見ると、貴人の死を意味する語であった。亡骸《なきがら》を岩窟とか石構えの石室とかに納めた古代の風習から出た言葉であろう。

従って、アマテラスが病気に患り、または傷ついて死ぬという形がその岩隠れの物語の中核思想であり、その再出現は、その復活を表わすのである。ワカヒルメやミソオリメが死ぬという伝えは、後世の発達した形である。

日神の岩屋隠れの物語は、もともと暴風雨や日蝕などの自然現象を説明するために作られた神話であろうという説がある。事実、シベリア、アイヌ、東南アジア、南シナ、北西部アメリカ・インディアンなど、環太平洋圏ともいうべき諸族には、太陽の神が岩屋や箱に隠れ、あるいは閉じこめられ、天地が暗黒となったという、日蝕神話らしきものが語られている。たとえば、アイヌの叙事詩『ユーカラ』には、日の神を箱の中に捕えて世界を暗黒にした大悪魔に対して、英雄アイヌラックルが闘いをいどみ、これを殺して太陽を救い出すという話がある。

中には、太陽を外におびき出すのに、滑稽な踊りや花などを見せる話などもあって、かつて石田英一郎氏などがこれと天の石屋戸神話とを比較し、日本のそれの系統論を展開しようとしたことがある。ことに、南シナの貴州省の苗《ミヤオ》族の神話に、太陽が山に隠れてしまったため、全世界が暗黒となった、そこで人々は相談して、牡鶏を鳴かせたところ、太陽が顔を出して覗いたので世界は再び明るくなった、という神話がある。これは石屋戸の「常世の長鳴鳥」のモチーフと同じ形である。

またタイ、ラオス、カンボジアなど、東南アジアに住む、いわゆるオーストロアジア語族といわれる諸族には、日・月・暗黒の魔星の三兄弟の話があり、末の弟の暗黒ラーフのために、日蝕や月蝕がおこるという筋を持ち、日本のアマテラス・ツクヨミ・スサノヲの三貴子の神話を思い出させるものがある。

確かに天石屋戸の神話の素朴な原型は、そうした東南アジア系の自然神話であったかも知れない。しかし、少なくとも文献で徴せられる時代には、この話が日蝕の呪術などに結びついて語られたという証拠はない。

むしろこの話は、冬季、天皇の御魂を、その体に鎮めまつる呪術祭儀である鎮魂祭《ちんこんさい》と結びついていたのである。

鎮魂祭は、『貞観儀式』や『延喜式』などによると、旧十一月の中の寅の日、すなわち新嘗祭《にいなめさい》の前日に行なわれた宮廷の祭儀である。その意義は、『令義解《りようのぎげ》』に、「遊離した霊魂を招き返して身体の内部に鎮める」行事であるとされているように、天皇のためのタマフリの祭りで、具体的には宮内省の庁内か、もしくは神祇官で、内侍の持って来た天皇の御衣をその御霊代《たましろ》とし、これに対しいろいろなタマフリの作法を行なった。神祇官の御巫《みかんなぎ》（巫女）が宇気槽《うけふね》を伏せてこの上に乗り、十度榊で底を突いて舞ったり、神祇伯が天皇の御魂《みたま》の宿る御魂緒《おんたまのお》と名づける木綿《ゆう》の糸を十度結ぶ作法を行なったり、女蔵人が御衣を納めた筥《はこ》の蓋をあけて振り動かしたり、猿女《さるめ》の歌舞があったり、当時民間や豪族の間で行なわれたいろいろなタマフリの呪法《じゆほう》を寄せ集めて、天皇の健康保全を図る総合的儀礼としたものである。

この中で、御巫の宇気槽に乗って榊で底を突く行事は、杵で臼を突いたりする行事と同じく、陰陽合精を象徴し、衰えようとする霊魂を振いおこさせるため、御魂緒結《みたまのおむす》びは、霊魂の去り行くのを結び留めるため、御衣の振動は霊魂を呼び返し、またはこれを元気にさせるため、などと説かれている。東南アジアでも、そうした呪法が諸所で行なわれている。インドシナのモイ族では、病気の原因がその人の霊魂の失踪によると考えられた時には、巫《みこ》が呼ばれ、魂呼《たまよ》びの歌を歌い、さまよう霊魂を誘い、これを木綿に結んで病人の頭上に置き、十まで数えながら木綿に息を吹きかける。それから玉の頸飾りを病人の頸にかける。すると霊魂は病人の体に戻って安定し、病気はなおるという。魂緒《たまのお》結びとか十まで数えることなど、ひどく類似した形がある。

この行事が、古来天の岩屋神話と結びつけて考えられたのである。『古語拾遺』には、「凡そ鎮魂の儀は天鈿女命《あめのうずめのみこと》の遺跡なり」と記され、御巫《みかんなぎ》の宇気《うけ》を突く行事は、本来ウズメのやったことであるから、当然ウズメの子孫の猿女君《さるめのきみ》がこれを行なうべきであると主張している。実際、ウズメが天石屋戸に汙《う》気《け》伏せて踏みとどろこし」（古事記）、「手に茅纏《ちまき》の矛《ほこ》を持って天の石窟戸《いわやど》の前に立って巧みに俳優《わざおぎ》す」（書紀）とある通りの形を、御巫が鎮魂祭で行なっていた。猿女は後世には単なる舞いだけになっていたが、古くはウケ突きの行事を行なっていたのであろう。

本居宣長は『古事記伝』の中で、「鎮魂にこの段の義を用らるるは、日神のこもりませるを招《お》ぎまりし心ばえをもちて、遊散する魂を招ぎしづむるなるべし」と言っている。

ところが、この鎮魂祭の歌舞の時、歌われる鎮魂歌というのが、鎌倉時代の『年中行事秘抄』に収録されている。歌詞はひどく古めかしく、平安時代の神楽歌に似たものが多いが、それよりもずっと素朴な形を示している。

その中に、日神アマテラス・オホヒルメの別称であると思われるトヨヒルメの御魂上り《みたまあが》（死）とその魂の呼び返しが歌われているのは、注意すべきであろう。これは石屋戸神話で、アマテラスの岩隠れと復活に対応している。

一、あちめ一度おおお三度上ります、豊日霎《とよひるめ》が、御魂欲《みたまほ》す、本《もと》は金矛《かなぼこ》、末《すえ》は木矛《きぼこ》。

二、あちめ一度おおおお三度魂筥《たまばこ》に、木綿《ゆう》取りしでて、たまちとらせよ、御魂上《みたまが》り、魂上りましし神は、今ぞ来ませる。
三、あちめ一度おおおお三度御魂上《みたまが》り、いにましし神は今ぞ来ませる、魂筥《たまばこ》を持ちて、去りたる御魂、魂返《たまがえ》しすやな。
歌詞は意味不明な部分がところどころあるが、要は一旦死んだ日神の御魂《みたま》を筥《はこ》の中に呼び戻し、復活させることを歌っている。

鎮魂祭は、本来天皇の魂を体に鎮める健康呪術であるはずなのに、その鎮魂歌に日神の死とその魂の呼び戻しが歌われているのは一見不思議に見えるが、そうではない。ここでは天皇とその祖神のアマテラスとは、全く同一視されているのである。

冬至の頃になると、太陽の光熱がひどく薄れ、日が短くなり、寒い冬が訪れる。古代人はこれを太陽が病気に患って衰弱し、一旦死ぬのだと思ったのである。この死せんとする太陽に再び活力を与えようとして、人々は大きな火祭り行事を伴なう冬至祭を行なっているところが、世界の各地にある。鎮魂祭もやはり冬至の頃に当たっている。

恐らく光熱の薄れるのは、太陽の魂が離魂病に患って体から遊離したためと考えたのであろう。そのために行なう魂返しの呪法が鎮魂祭なのであり、その呪法を、その日神の化身であると信じられた天皇に対して行なったのであろう。これを行なえば、一旦病気に患って崩《かむあが》りした日神は、再び復活し、一陽来復の春が迎えられると信じられたのである。ヨーロッパでもオリエントでも、古く、冬至は太陽が一旦死に再び復活ないし再誕する日と考えられ、神の御子の死と復活や、日の御子の誕生の日という伝承や、これを象徴する祭儀などが行なわれている。

ローマ時代のエジプトで、十二月二十四日および二十五日の夜、地下堂に人々が集まり、冬至の祭りを行なったが、夜があけると、人々が神の御子を表わす嬰児の像を持って飛び出し、「処女は産めり。光は増すなり」と叫んだという。また同じ日にローマで行なわれた太陽神ミスラの祭りは、ミスラは一旦死んだ形で、「岩立たす神」の石像が取り出され、葬礼が行なわれ、聖なる洞窟の中の岩の墓に納められるが、そこから取り出され、復活が喜び祝われた。こんな異教的な冬至の祭りが、キリスト教時代になって、クリスマスの形となっているのである。こうした太陽祭儀は民族によっては、冬至ばかりでなく、春秋の分とか、夏至などにも行なわれた。

鎮魂祭も、もともとそうした冬至の太陽祭儀であったのであり、その主役を天皇がつとめたのであろう。『日本書紀』天武天皇四年に御窟殿《みむろどの》という御殿で俳優歌人が歌舞を行なったらしいことが記されるが、天の岩屋の形を表わした岩屋造りの殿舎で、鎮魂《たまふり》のためのものであろうとされている。恐らく、古くは天皇自身が天の岩屋の形の御殿の中で、ドラマ的に日神の死と復活を演じ、猿女君《さるめのきみ》などがこれに奉仕したのであり、天の石屋戸の神話は、その縁起として語られた祭儀神話であろう。ウズメの演じたエロティックな神楽は、もともと猿女君家から出た巫女《みこ》達の行なっていた実際の儀礼の姿であったのであろう。そうした狂態は、死んだ、もしくは死にかけた太陽神、豊饒神に、生気を与えて復活させようとする試みであろう。諸国の古社の神事にも、そうした性的行事は少なくない。

ウズメは、この狂態を、もう一度、天孫降臨の猿田彦の前で演じている。猿田彦は、もともと伊勢・志摩方面の漁民の太陽神であったことは前に述べた。恐らく、この鎮魂祭で日神の死とその魂の招き返しを行なう行事は、もともと猿女君が伊勢から宮廷に持ちこんだ太陽祭儀であり、その由来話である天の石屋戸《いわやど》神話も、元来は伊勢の海人が古くから伝えていた東南アジア系の太陽神話であったのであろう。常世の長鳴鳥の神話にも見える鶏は、伊勢神宮では特に重視され、鶏のしぐさを真似たといわれる鳥名子舞《となごまい》など、その祭りに演じられていた。

こうした伊勢の太陽の祭りが宮廷に取り入れられ、その太陽神が皇室の祖先神のように見なされると、その祭りは天皇の祭りとなり、一種の王権祭式として、大嘗《だいじょう》・新嘗《にいなめ》祭の前日に行なわれるようになったし、またその縁起譚である天の石屋戸神話は、また大和朝廷の宮廷の祭りの様式で彩られるようになった。

大神を岩戸から引き出すためのいろいろな神々の役割は、古く大和朝廷の祭りを、いろいろな職業の部曲《かきべ》、たとえば玉作部、鏡作部、鍛冶部などや、それを率いる有力豪族で祭祀を掌っていた中臣氏や忌部氏などが分担していたことを、神話的に表わしたものである。中でも中臣の祖先のコヤネが太《ふと》祝詞《のりと》を読み、忌部の祖先フトダマが榊や幣帛《へいはく》を持つということは、宮廷の祭りにおける両氏の職掌を表わしたものである。また鎮魂祭にも魂緒結《たまのお》びや御衣振動《ぎょいしんどう》などの他の要素が加えられていった。

古代オリエントにも、王が演じる太陽神の死と復活を表わす宮廷の祭りも少なくなかった。バビロニアの春の新年祭であるアキツ祭は、国王がこれを取り行ない、その中で、日神マルドックが、冥府《よみじ》を表わす山に幽閉され、その間国土が荒廃するさまが演じられた。そこで日神救出のための神々の工夫や悲嘆、やがて復活などの場面が、ドラマ的に演じられた。日本の石屋戸の神話と行事に似ているが、こうした祭式の類似の原因としては、私は、そうした祭式型が、古くオリエントからインド、東南アジアを経て、南シナ（呉越）、朝鮮に伝播《でんぱ》し、さらにそれが六、七世紀の頃、帰化人の豪族の手によって大和の宮廷に持ちこまれたのではないかと想像している。大和朝廷の貴族達は、こうした祭式型と、これに伴なう日の御子信仰をもって、従来の単なる稲の収穫祭に過ぎなかった新嘗祭、およびその天皇家で行なった形の大嘗祭を、新しく組み変え、伊勢の猿女君などの祭りの要素などをも取り入れて、大がかりな国家的な祭典としたのであろう。

スサノヲの天上荒らしと農耕妨害の話は、のちの追放の話と、もともと直接に結びついていたものである。言い換えれば、天上荒らしの結果、スサノヲは責められて追放されるだけで筋は十分である。天の石屋戸のくだりなどは、その両者の間に無理に後から割りこまされている形である。

『延喜式』の大祓《おおはらえ》の祝詞《のりと》を見ると、その内容や行事はスサノヲの天上荒らしと追放の神話と、ぴったりと一致するのである。

大祓は、古く宮廷で十二月と六月の晦日《つごもり》に行なわれ、その年のあらゆる災厄、疾病、罪穢《つみけがれ》など、みな形代《かたしろ》（人形）に負わせて、海の果ての根の国・底の国に送りかえす行事である。その祝詞には、天《あま》つ罪《つみ》として、畔放《あはなち》、溝埋《みぞうめ》、頻蒔《しきまき》、串刺《くしざし》など、他人の田に対する厭がらせや所有権侵害、屎戸《くそへ》や生剝《いけはぎ》・逆剝《さかはぎ》など、汚れた残酷な行為、等々の罪が挙げられ、それらはいずれもスサノヲが天上のアマテラスの御田や御殿で行なった行為そのままである。大祓では、これらの罪穢《つみけがれ》を、中臣が太祝詞事《ふとのりとごと》で一切祓い流して、川から海にリレー式に運び、最後に根の国のハヤサスラヒメが、これを始末してしまうのだと述べられている。スサノヲの追放の神話でも、アメノコヤネの太祝詞《ふとのりと》によって、祓えが行なわれたと記されている。

　要するに、この段におけるスサノヲは、大祓の祭式の、一種のスケープゴートから生み出された存在にすぎない。農耕妨害や災厄などの元凶として、古くから農耕祭儀などに登場する邪霊の役があり、これが神の作った田を散々に荒らして暴れまわり、最後に神によって罰せられ、根の国に追放されるという形の行事が行なわれたのであろう。大祓は多分古くは農耕に関係した祭りであって、かつては単に形代を流すだけではなく、そうしたドラマ的な行事が行なわれたに違いないと考えている。後世の田遊びや田楽などの芸能にはそんな形が残っているからである。こうした田の邪霊と、紀伊・出雲の大神スサノヲが同一視されたのである。

　スサノヲの蓑笠《みのかさ》の話は、根の国から来訪するマレビトとしての彼の祭りの姿を表わしている。新嘗や正月などに根の国、常世の国から訪れる神は、農耕の神であるから蓑笠《みのかさ》をつけていたらしい。後世の秋田県のナマハゲや、福島県のカセドリなどにも、その風が遺っている。この姿で宿を乞うことは、神としては当然であるが、俗人や罪穢を犯した人物においては飛んでもないことであり、これを犯せば罰として多額な金額を科せられるのである。

オホゲツヒメの殺戮《さつりく》の神話は、前に挙げたツキヨミのウケモチ殺しと同じタイプの物語であるが、これがスサノヲに結びついたのは古い形ではないであろう。しかし、このモチーフ自体は、ある神が殺されて、その死体から穀物や芋類が生えるというタイプの原始神話に属し、「ハイヌウエレ型」と呼ばれることは、前に述べた通りである。南方的な起源の農耕神話である。

# 出雲神話の謎

## 一　八俣の大蛇考

高天原を追われたスサノヲは、出雲の肥の河（斐伊川）の上流にある鳥髪《とりがみ》の地に天降《あまくだ》りした。ここを歩いていると、箸《はし》が河上から流れて来た。上流にはきっと人が住んでいるに違いないと、スサノヲはさらに河を溯ると、老人夫婦が乙女をなかに置いて泣いていた。

事情を尋ねると、翁《おきな》は、「私は国つ神で大山津見神《おおやまつみのかみ》の子です。名はアシナヅチ、妻の名はテナヅチ、娘の名はクシナダヒメです」といい、「私の娘はもと八人もいましたが、高志《こし》（今の北陸地方）の八《や》俣大蛇《またのおろち》という怪物が、毎年やって来て、一人ずつ食べてゆきましたので、今ではこの娘一人になりました。ところが今度いよいよかの大蛇めがやって来る時期が近づいてまいりましたので、こんなに泣いているのです」と言った。

そこでスサノヲはその大蛇の形状を尋ねると、その目は赤いホウズキのようで、胴が一つに八つの頭と八つの尾があり、またその身に苔《こけ》や檜《ひのき》や杉が生え、その長さも八つの谷と八つの尾根にわたるほどであり、その腹には常に一面に血が垂れ、爛《ただ》れているという物凄い怪物であることが判った。

そこでスサノヲは、翁に名をなのり、身分を明かして、娘を所望した。老夫婦は喜んでこれに同意した。スサノヲは娘を細い櫛《くし》に変え、自分の髪にさし、翁夫婦に濃い酒を造らせ、垣を作りめぐらして、その垣に八つの入口を設け、入口ごとに八つの台をおき、その台ごとに酒槽《さかぶね》をおき、それらに酒を盛らせた。

やがて待つうち、大蛇が恐ろしい勢いでやって来た。蛇はその八つの頭を、それぞれ酒槽に入れて酒を飲みはじめた。やがて八つの頭とも、みな酔いつぶれてしまった。

物蔭にかくれていたスサノヲは、躍り出て十峯剣《とつかのつるぎ》で、大蛇を切り殺した。肥の河は血に変じて流れた。そのうち尾を斬った時、剣の刃が欠けたので、不思議に思い、尾を切り裂くと、霊剣が出た。そこでスサノヲはこれを姉のアマテラスに献上することにした。これが草薙剣《くさなぎのたち》で、皇位の御璽《みしるし》となり、三種の神器の一つとされ、名古屋の熱田神宮に祀られている。三種の神器とは、前に天の石戸の神話の時、日の神をおびき出すため作らせた八咫鏡《やたのかがみ》と八尺瓊曲玉《やさかにのまがたま》との二者に、この剣を加えたもので、この三つそろった物を、後に天孫降臨で、ホノニニギが持って天降りをし、それ以来、天皇の代々のレガリアが定まるのである。

八俣大蛇を退治し、乙女を娶《めと》ったスサノヲは、須我《すが》（須賀）の地に行き、「わしはここに来て、やっと心がすがすがしくなったぞ」といい、そこに宮殿を造って住んだ。

その時、その地から雲が立ちのぼったのでミコトは次の歌を詠んだ。

八雲立つ　出雲八重垣《いずもやえがき》　妻隠《つまご》みに　八重垣造る　その八重垣を

（私達の新婚生活を隠す幾重もの垣根を、たくさんの雲が立ちのぼって造ってくれるよ）

この神話はあまりにも名高い。この出雲下りをしてからのスサノヲは、今までの高天原での悪役ぶりとは打ってかわった英雄神の風格を持つ。民に危害を加える怪物を殺して、乙女を救う青年英雄である。オリエントやヨーロッパの叙事詩などに出てくる英雄は、多くそうした人身御供《ひとみごくう》に捧げられた乙女を救い、怪物や悪竜を退治し、乙女と結婚するという筋を持っていて、いわゆる「ペルセウス・アンドロメダ型」と呼ばれる説話の主人公である。ギリシャのペルセウスが海の怪物の餌食にされようとした王女アンドロメダを救う話は最も有名であるが、イギリスのベオウルフや、ドイツのジーグフリートなどみなそうした英雄である。これは欧亜大陸に広く分布している世界拡布《かくふ》型の説話であるが、東亜でも、中国、朝鮮、インドシナ、ボルネオ、フィリッピン、アイヌ、ギリヤークなどすこぶる広範囲に行なわれ、大林太良氏などは、この型の説話が、古代文明の地もしくはその影響下の地域にのみ拡がっていることに注目し、そうした文明の産物であろうと推定しているが、それは恐らく正しい。

中国では『捜神記』の話が古く著名である。昔、福建省に大蛇がいて少女の犠牲を要求したが、李《り》誕《たん》家の末の娘の寄《き》が自ら人身御供《ひとみごくう》になることを志願し、剣を懐にし、犬を伴なって廟におもむき、大蛇を待ち受けて殺すという話である。朝鮮の済州島の伝説でも、金寧に昔、窟堂と称する神堂があり、年ごとに処女を捧《ささ》げて祀り、これを怠ると凶年になると言われたが、ある年、牧使某が部下の娘が人身御供に当てられたのを憐み、部下達を引きつれ、神堂に娘を供えると、大蛇が現われたので、これを斬り殺した。爾来人身御供は廃止されたが、彼も帰途に死んだという。

日本の後世の伝説でも、『今昔物語』に見える猿神退治や、講談に見える岩見重太郎のヒヒ退治、また陸奥胆沢の掃部長者伝説など、人身御供の説話は少なくない。また諸国に残る兵坊太郎《ひょうぼうたろう》、早太郎《はやたろう》などの忠犬伝説、また神社の縁起としても、有名な遠江小笠郡の矢奈比売《やなひめ》神社や近江野洲郡の三上《みかみ》神社、同国滋賀郡の両所神社など、諸国の古社に伝わる人身御供の神事の縁起譚がある。

人身御供の神事といっても、後世そうした古社で行なっていた神事は、もちろん人身犠牲行事などあろうはずはないが、多くはその名のもとに、人形《ひとがた》や他の動物の犠牲などが神前に供えられ、かつての本当の人身犠牲の廃止後、これらに代えたのだと語っている。たとえば三上神社のそれは、かつて二月の巳・午の日に、社人の中から人身御供の娘を選び、長持ちに入れ神殿にあげたが、一女が金胎両部の曼荼羅《まんだら》をしのばせ、怪物をこれで打ち伏せたところ、大蛇で角をおとして昇天し、爾来この風習は止んだ。のちオコモリと称し、神殿の鬼の間で、人代《ひとしろ》（人形）を作り納めることになったという。陸中稗貫郡葛村の諏訪神社では、人身御供の娘の代わりに、鹿や鮭を供え、駿河富士郡飾川村の阿字神社では、人形で代えたという。

こうした人身御供説話が、かつて実際に人間のイケニエをささげたことの記憶であろうと、人類学者や民族学者が述べたことがあるが、しかし、諸国、諸民族に分布するそのタイプの物語が、一つ一つその土地の古い犠牲行事から発生したのだとするには、それらの説話の間にあまりに類似点・共通点が多く、固有名詞すらしばしば共通な名が多いのである。

日本の伝説を取って見ても、しばしばこの怪物を退治する者が山伏や六部《ろくぶ》（行脚の僧）であったり、娘の名がサヨであったり、伴なった犬が兵坊太郎とか早太郎だったりしている。たとえば、陸奥の胆沢の掃部長者の話では、長者の女房が禁断の魚を食い、蛇身を受け、三年に一度の人身御供を求めていたのを、オサヨという女がこれを解脱させたといい、また同国の江刺郡の角懸観音の縁起では、蒲生長者の妻が大蛇となり、松浦佐用媛《まつらさよひめ》を取って食おうとしたが、法華経の功徳で得脱したという。犠牲の乙女の名にサヨを表わす名が多いのは、『万葉集』に見える大伴狭手彦《おおともさてひこ》の妻の松浦佐用媛、またそれと同一人物であると思われる、『肥前風土記』の弟日姫子《おとひひめこ》が水神に魅入られたという説話と同系のもので、恐らく、民間の巫女などによって、この型の話が説話としてのみ持ち運ばれたのであろう。

人身御供の神事に用いられる人間代用の人形《ひとがた》なども、恐らく神の形代《かたしろ》であったものが、人身御供の代わりものだと誤解されるに至ったものであり、また他の動物のイケニエは、最初から山の神、狩の神であった場合には、これにささげる感謝の印の供物で、決して人間を殺したことの名残りではない。

こうした儀礼の意味が不明になると、やがてその由来話として、アンドロメダ型の人身御供譚などが早くから説話として伝わっていたため、これで早速説明したというわけであろう。

八俣大蛇の場合でも、この斐伊川《ひいがわ》の上流で、実際に若い娘を殺す血なまぐさい行事がかつて行なわれていたことの記憶だと考える必要はない。ただその地方に古くから行なわれていた蛇神をまつる行事に、そうした人身御供の伝説が結びつき、それがスサノヲの崇拝に結びついて、やがてそれが朝廷の神話体系に包摂されたのであろう。スサノヲが蛇の尾から出た神剣を、アマテラスに献上するという話などは、もちろん、この原話にあったはずはない。

日本古代の農村では、稲の生育に必要な水を供給する神として蛇神が祭られ、またこれがしばしば農神、田の神と同一視されている。この蛇神は、祭りを怠らなければ、適宜な雨水をもたらし、豊饒の恵み手となるが、怠ると怒って洪水をおこす恐るべき存在であった。スサノヲが、八俣大蛇に向かって「汝は畏き神なり。敢て饗《みあえ》せざらむや」（書紀）といい、酒を供したという話があるが、その信仰の表われである。実際に、今でも関西方面の農村行事として、正月五日、七日、ないしは十五日などに、山の神と称して、ワラの蛇を作り、これに酒食を供し、子供達ないし若い衆達がこれを行列して運びまわり、神木に巻きつかせる行事が広く行なわれている。

ことに八俣大蛇を生み出した山陰地方では、今でも豊饒《ほうじよう》神として蛇神を崇拝する行事が盛んである。石見安濃郡佐比売村などにある「御岬《みさき》さん」の十一月九日の祭りでは、家々から集めた稲の籾は、神前に供え、ワラで四十八尺の長大な蛇の形の縄を作り、紙の幣《しで》三十六本を切り、蛇縄にさし、鱗幣というが、この日前年から造った神酒の瓶をあけ、これで豊作か凶作かを占なうという。こうしたワラの蛇の背に、たくさんの幣や榊《さかき》をさす風習は、すこぶる広い。八俣大蛇の背に苔や檜、杉が生えるという神話的表現を思い出させる。出雲の簸川《ひかわ》平野地方でも、田畑の中の叢林《そうりん》を祭場とする荒神の秋の祭りには、ワラの蛇を作り、神木に巻きつけ、これに幣やシボ（ワラヅト）を立て、注連《しめ》を張って祭るし、また所によりこれにかめに入れた麴《こうじ》や粥《かゆ》などを供える。八俣大蛇に酒を飲ませる話を思いおこさせるものがある。

日本各地にある蛇祭《じゃまつ》り、綱かけ祭り、シャカシャカ祭りなどと称する行事は、みな子供や若い衆が、大きな蛇体のワラ縄をかつぎ、村中を持ちはこび、神木や柱に巻きつけて、これに酒食を供する形のものが多い。綱引の綱や縄も、蛇の形であるという言い伝えも多い。雌雄の蛇に見たてて女綱《めづな》・男綱《おづな》を作り、この交合になぞらえて両者の先端をくい合わせ、その中央のふくらみを蛇が卵を呑んでいるさまであるとなし、また両綱からめいめい八本ずつの子綱を出して放射状にし、八俣大蛇の形を表わすのだと伝えたりして、蛇への連想が強い。これらは恐らく、古代の水の神である蛇神を迎える祭りが、遊戯化したものなのであろう。

私は、八俣大蛇神話というものも実際の蛇祭りなどの印象が誇張されて語られたのではないかと考えている。実際にホウズキなどで目をつけ、茅草やワラなどでこしらえた長大な蛇縄《へびなわ》の背に、数多くの榊や串、青菜などを刺し、元気さかんな若い衆がこれをかついで、すさまじい勢いでのたくりながら社殿に入って行くという光景は、多くの蛇祭りの行事に見られるが、この由来話となると誇張されて、頭が八つ、尾が八つ、目がホウズキのようで、身に木々が生え、長さが谿八谷《たにやたに》、尾八尾《おやお》にまたがるというような、すさまじい形状となるのであろう。

山陰地方の田の神サンバイ様も、田植歌の中で、母が大蛇であることが歌われ、このサンバイと同系の阿波のオサバイも、蛇体であると信じられている。

八俣大蛇に供される人身御供の娘の名はクシナダヒメであるが、また伝えによってはクシイナダヒメ、あるいはイナダヒメとも呼ばれている。クシは美称に過ぎないから、イナダヒメというのが名である。要するに稲田の人格化であり、これを女神として表わしたのであろうが、実際の儀礼においては斎女がこの役を演じるのである。

サンバイ様の花嫁御も、イナヅル姫という名となっていて、稲田姫の名と似ている。田植歌にはサンバイ様とイナヅル姫の結婚が歌われるが、実際の儀礼としては、かつて田植の昼飯をはこぶ乙女オナリないしヒルマモチが、イナヅル姫の役割を演じ、神を接待し、その嫁としてふるまったらしいことが、柳田国男氏などによって研究されている。

八俣大蛇と稲田姫との関係も、もともとは「怪物と人身御供」のそれではなくして、蛇体の水神・豊饒神《ほうじようしん》と、稲田を象徴する女神との結婚であったのであり、そうした行事によって稲のみのりがもたらされると信じられたのであろう。この蛇祭りのもとの意味が不明となり、スサノヲのような新しい人間的英雄神の崇拝に包摂されたりすると、かつて尊崇された蛇神は、今や英雄神に退治される邪悪な怪物とされ、結婚相手の稲田の女神は、あわれな犠牲の女とされてしまうような話となるのである。近畿地方などの山の神や水神、疫神の祭りには、蛇体を象徴するものを、弓矢で射たり、刀で切ったりする行事が少なくない。有名な鞍馬の竹切会式《たけきりえしき》などもその一つである。その意味は、単に蛇縄に供物をささげたり、礼拝したりする行事よりも、少なくともやや発達した観念に基づき、蛇を洪水や疫病をもたらす有害な存在と見ている。これを殺すことによって、これらの害悪を防ごうというのである。

八俣大蛇の話でも、かつて出雲にそうした行事があり、最初に大蛇と姫との結婚が行なわれ、その後これを刀で切ったりするような儀礼があって、それに基づいて、そうした話が生まれたのかも知れない。

この話は、『出雲風土記』には見えないから、出雲の土地で生まれたものではなく、中央の朝廷で作られたのではないかという説も、多くの学者によって論じられている。しかし、この話と切っても切り放せないこの姫の名が、『出雲風土記』によると、この大蛇譚のゆかりの地斐伊川沿いの飯石郡熊谷郷《くまだにのさと》に、クシイナダミトヨマヌラヒメという女神の名として出ている。この熊谷《くまだに》の地を、「いとくまくましき谷なり」（ひどく奥まった谷だわ）といい、この地を、お産の場に定めて御子を生んだというのである。

クシイナダヒメの崇拝は、恐らくこの熊谷を中心とした稲の母神のそれで、この女神と大蛇との神婚が、その祭りに演じられ、農民達はそれによって稲の生育を祈ったのであろうが、後に東の方から侵入して来た紀州海人系の氏族の奉じるスサノヲの崇拝によって、その祭りにも、その神話にも変化が生じたのであろう。この姫の崇拝が斐伊川流域に認められる限りは、この物語が出雲のこの地方に発生したものであることは、確かであろう。

この物語が出雲起源のものであるという証拠は他にもある。それはこの物語と肥《ひ》の河（斐伊川）の鍛冶部《かぬちべ》との関係である。この川の上流地方は、古来砂鉄を産し、鉄器・鉄具を造る鍛冶部が居住していた地である。『出雲風土記』仁多郡横田郷《よこたのさと》の記事にも、砂鉄が多く採れることが記される。後世にも、この地方は、俗に金屋《かなや》、タタラ師といわれる漂泊的採鉱冶金《さいこうやきん》業者の根城《ねじろ》でもあった。現在でもなお幾つかのタタラ場が残っている。彼等が砂鉄を採る方法は、肥の河の水を利用して、この水によって切り崩した砂鉄を含んだ花崗岩を下流に流すのであり、それによって砂鉄分だけを選びあげるのである。これを「かんな流し」という。タタラとは火をおこすための大きなふいごのことである。これで砂鉄を熔かすのである。

この「かんな流し」には大量の水が必要となる。そこで川上の水神である大蛇が彼等の守護神となったのであろう。農民のまつっていた水神を、鍛冶部達も奉じたのであろう。

八俣大蛇の尾から草薙剣《くさなぎのつるぎ》が出、これをアマテラスに献上したという話は、もともとこの川の川上にいた鍛冶部の製作した刀剣が、大和朝廷に献上されたということを神話的に表わしたものであろう。出雲の刀剣が朝廷に献上されたことは、出雲国造《くにのみやつこ》が新しくその地位に就任したとき、一族と共に上京し、天皇の御前で、神賀詞《かむよごと》を奏上する式に、たくさんの玉や鏡とともに、剣を献上することがならわしであったし、また伝説では、『日本書紀』の垂仁紀などに、出雲の神宝である剣が、献上されている。出雲の砂鉄で作った刀剣は、それほど古くから有名であったのであろう。かんな流しの際、鉄分を含んだ赤く濁った水が川に流れるのは、大蛇の血によって肥の河の水が赤くなったという話を連想させる。

ただ大蛇の尾が刀剣を含んでいるという信仰は、古い民間信仰でもあったらしく、諸所の口碑にも見える。たとえば『能登名跡志』によると、人身御供を求めた滝の主の大蛇をオホナモチが退治したが、その尾には剣があり、いつも雨雲が覆っていたと伝えられる。草薙剣が一名アメノムラクモノ剣といい、いつも雨雲がおおっていたという話と同じ観想である。中国でも、『晋書』に見える、雷華という男の剣が水中に躍り入って双竜に化したという話など、霊剣と竜蛇との結びつきを語る話が多く、インドでもそうした信仰が多い。これは一つの理由として、その青白い刀身が、竜蛇を連想させたからでもあるが、そうした信仰によって、霊剣は水の神の象徴として、雨雲を呼ぶというような伝承が生まれたのであろう。後世の滝沢馬琴の『里見八犬伝』の名刀村雨丸《むらさめ》も、これを打ち振ると雨水を呼ぶのである。

草薙剣が献上されて三種の神器の一つとなり、天皇のレガリヤとなったという話は、もともと天皇家にあった伝世の神宝、鏡、剣、玉の三種の一つを、出雲の大蛇の尾から出た神話的な剣と同一視し、その由来話として朝廷側でこの出雲の神話を結びつけたに過ぎないであろう。

言いかえれば、天皇のレガリアの一つである剣を、出雲の祖神スサノヲの献上したものであると語ることによって、大和朝廷による出雲の支配を、神話的に基礎づけたのである。

従ってこの献上の話は、そんなに古くはなく、私はこれを、七世紀以降の産物ではないかと考えている。

この出雲の神剣献上の話が加えられる以前の、もとの天の石屋戸《いわやど》の神話では、明らかに鏡と玉だけでなく、剣の製作も語られていたらしいふしがある。

『古事記』の石屋戸神話に、「天の金山《かなやま》の鉄を取りて、鍛人天津麻羅《かぬちあまつまら》を求《ま》ぎて、伊斯許理度売命《いしこりどめのみこと》に科《おほ》せて、鏡を作らしめ、玉祖命《たまのおやのみこと》に科せて八尺《やさか》の五百津《いほつ》の御統《みすまる》の珠を作らしめて」とある文は、脱文があり、「天津麻羅を求ぎて」と「伊斯許理度売命に科せて」の間には、「剣を作らしむ」という文章があったのを、のちに出雲の草薙剣の献上の話が出て来るための伏線として、この場ではわざと削り、鏡と玉の二者だけの形にしたのである。これは国文学者の倉野憲司氏の指摘であるが、恐らく正しい。

このように見ると、この段でのスサノヲの登場と神剣の献上は、これから展開する出雲神話への橋わたしとなっていて、またそうした形での出雲神話の高天原神話への割りこみは、決して神話が口頭伝承だけで伝えられていた時代とすべきではなく、恐らく文筆作業によって、宮廷神話やいろいろな氏族神話に対し、加筆や書き変え、あるいはカットなどを行なった記紀編纂時代、すなわち七、八世紀の産物だと考えるべきであろう。

## 二　須佐氏族の進出とスサノヲ

高天原のスサノヲと出雲でのスサノヲが本来別人であったことは、前に述べた通りであるが、出雲での彼の内性も、紀伊の海人の奉じる海洋的な来訪神であった当時とは、かなり違った山国的内性を持つようになった。

『延喜式』神名帳によると、出雲にはスサノヲを名とした神社は、飯石郡須佐郷《すさのさと》の須佐神社のほかに出雲郡に一社があるだけであるが、『出雲風土記』によると、意宇郡安来郷《やすきのさと》（今の安来市）で、この神が国巡りし、「あが御心は安来《やす》けく成りましぬ」と言ったという話とか、大原郡佐世郷《させのさと》で、佐世《させ》の木の葉を髪に挿して、この地で踊り、その時木の葉が地上に落ちたとか、また同郡御室山《みむろやま》では、この神が御室《みむろ》（神の御座所）を作り、宿りましたと語る話とか、いろいろな事績が、東部の意宇郡から大原郡にかけて伝えられている。またその神の御子神の説話としては、イハサカヒコ、ツルギヒコ、ヤヌノワカヒメなど七柱の出雲の神々の口碑が、意宇郡、島根郡、秋鹿郡、大原郡、神門郡の、東部から西部にかけてのほとんど出雲全域にわたって語られており、スサノヲの崇拝は、少なくとも、出雲においては、かなり広い基盤を持っていたようである。

飯石郡の須佐郷の条に、スサノヲが「この国は小国だが、よい国処《くにところ》だ」と言い、自分の御魂を鎮めたという話は、須佐神社の起源を語る口碑であるが、この須佐（現在簸川郡佐田村宮内）は、鳥越憲三郎氏の説かれるような、スサノヲ崇拝の本源地・母胎地であるというより、その崇拝の一中心地に過ぎないと考えてよかろう。

スサノヲの崇拝は、恐らく熊野大神などのそれと同じく、紀伊の海人によって運ばれたのであろう。まず安来などの東部から広まり、大原郡、飯石郡と、しだいに西部に進出し、また各地の土着の神々を御子神としつつ、その信仰圏を拡大させたのであろう。

飯石郡に到って、稲田姫などの崇拝と習合し、これと結婚して、大蛇を退治する神話の主人公におさまったのであろう。

水野祐氏などは、この神を奉じた集団を朝鮮系の帰化部族であり、主として韓鍛冶《からかぬち》部族であると考えているが、スサノヲは確かにもともと蕃神（外国の神）らしい要素がある。御子のイタケルとともに朝鮮の新羅のソシモリの地にわたり、そこから舟に木々の種子を積んで紀伊にわたったという話（書紀の一書）、また熊成峯《くまなりのたけ》から根の国に行ったといい、このクマナリが朝鮮の地名であるらしいこと、また『備後風土記』逸文に見える、大陸系の武塔神《むとうのかみ》と同一視されている伝承、またスサノヲが大蛇を退治した剣を、オロチノアラマサ、ないし蛇のカラサヒと呼び、大陸製の刀剣らしいことも、みなそうした内性を物語るものがある。こうした要素は、この神を奉じた紀州の海人が大陸にまで航海し、交易や大和朝廷の外征などに携わり、朝鮮系の韓海人《からあま》なども加えて、すこぶる異国的な風習があったらしいことと関係があろう。

彼等紀州海人は、南の熊野海人をも加えて、四世紀末か五世紀始めから六世紀にかけて、盛んに大陸と交流を行なった結果、彼等の奉じるスサノヲは、最初漁撈・航海の神、また船材および樹木の神、根の国の霊物であった神であった要素の外に、帰化人の北方的巫祝俗文化《シャーマニズム》にも触れ、やがて韓鋤劔《からさひのたち》を帯び、さっそうと島上の峯に降下する英雄神の相貌《そうぼう》に変わっていった。

彼等紀伊の海人はもともと一種の漁撈民に過ぎなかったが、こうした北方のシャーマニズム文化に触れ、鍛冶部《かぬちべ》を持つにいたった。

彼等は砂鉄を精錬して、刀剣を製作するに及んで、強力な戦士団と化していったのであろう。彼等は砂鉄を吉備地方に求め、その地方にあるスサノヲの社（備後の式内須佐能袁神社）などの建設者でもあったが、彼等の究極の目的として、有名な砂鉄の産地である出雲の飯梨川、意宇川、斐伊川などに進出し、刀剣類を、確保しようとしたのであろう。彼等がしだいに内部の山間地帯に入りこんで、先住の高志人《こしびと》や幾多の土蛮・土蜘蛛の輩《やから》と戦い、これらを征服・鎮撫していったと共に、スサノヲもたくましい軍神・英雄神へと成長をとげたのであろう。

その須佐氏族の進出の背後には、中央の物部大連《おおむらじ》氏のバックアップがあったのではないかと考えられる。物部氏が五、六世紀頃、朝廷の軍事氏族として、その軍団モノノフを率い、霊剣フツノミタマと、その神格化であるフツヌシノ神を奉じ、各地を征討し、そうした社を建てたらしいことは、筆者も前著『日本神話の形成』などで、いろいろと論じておいた。

スサノヲの大蛇を斬った剣のカラサヒも、『日本書紀』によれば、フツノミタマの剣を祀る物部氏の氏神大和の石上神宮にあると伝え、また『日本書紀』の別の一伝には、吉備《きび》の神部《かむともべ》にあると伝えられる。吉備《きび》神部《かむともべ》とは、備前の赤坂郡にある式内社石上《いそのかみ》布都《ふつ》之《の》魂神社《みたまのかみのやしろ》がこれであろうといわれる。いずれが正しいかは不明であるが、ともかくこの剣の別名はフツノミタマであったことは確かである。言いかえれば、スサノヲの帯びていた剣は、物部氏の霊剣であったのである。また『旧事本紀』を見ると、須佐連《すさのむらじ》の家は物部氏の祖先ニギハヤヒの十世の孫物部真《ま》椋公《くらのきみ》の子孫とされ、物部氏の一族とされている。物部氏の一族といっても、実際にどれほどの血縁的系譜があったものかは疑問であるが、少なくともある時期において、その配下というべき統属関係があったことは考えられよう。従ってこの神の神剣が、物部氏系統の神社に納められたという伝承も、決して偶然とは考えられないのである。

## 三　死と蘇生の物語

スサノヲについで、出雲の国を平定、支配したのはオホクニヌシノ神である。この神はスサノヲの五世の孫だともまたスサノヲの直接の子だとも伝えられている。出雲最大の文化神・英雄神であり、オホナムチノ神とかオホアナモチノ神とかアシハラノシコヲノ神とか、ヤチホコノ神とかウツシクニダマノ神とか、多くの別名がある。

この神の活動は、稲羽《いなば》の白兎の話など、昔から子供にもなじみ深い話が多く、また仏教思想との習合によって、インドの大黒天（マハーカーラー）とも同一視され、恵比寿《えびす》様とならんで、福の神として後世の民衆に最もポピュラーな存在となった。俵の上に坐わり、打出《うちで》の小槌《こづち》を持ち、小鼠を従えている福徳円満な大黒さまの像は、現代の日本人の心にも強い情感を喚びおこさずにはおかない。

さて、『古事記』によると、次のような物語が語られている。この話は『日本書紀』にはない。

オホクニヌシには八十神《やそがみ》（大勢の神々）という意地の悪い兄達がいた。あるとき八十神達は、因幡《いなば》の国にヤガミヒメという美人がいると聞き、自分の妻にしようと思い、そろって出かけた。その時、兄達は末っ子のオホクニヌシに袋を負わせ、いろいろの贈物をもたせ、従者として連れて行った。

ところが、途中で気多《けた》の埼《さき》まで来た時、そこに皮をむかれて赤裸になった兎が伏していた。これを見た八十神達は、兎に向かい、「お前は潮水を浴びて、風の吹くのにまかせて、高い山の上にねころがっているがよい」と言った。兎はそうしてみると、海水が乾くにつれて皮膚が裂け、その痛みに堪えかねて泣き叫んでいた。

一行の最後について来たオホクニヌシはこれを見て、泣く理由を尋ねると、兎は答えた。「私は隠岐の島にいましたが、この国にわたる時、海の鰐《わに》をだまし、『私とあなたと、その眷属がどちらが多いか競べてみよう。あなたの一族を、この島から気多《けた》の埼《さき》まで並ばせて見なさい。私はその上を踏み渡りながら勘定しよう』といいました。そこで私はその上を踏みながら渡って来て、今、まさにこの国土に足を下ろそうとする時、私は『お前らはおれにだまされたのだ、馬鹿な鰐《わに》さ』と言いましたが、やにわに一番端にいた鰐が私を捕えて、こんなに皮を剝いでしまったのです。それで泣いていますと、先に来られました八十神さま方が、『潮水を浴びて風にあたっているがよい』とお教え下さいました。その通りにしますと、かえって一層痛みがひどくなるばかりですので、苦しくてたまらず、泣いているのです」と申しあげた。

そこでオホクニヌシは、「では、今すぐあの河口に行って淡水で体を洗いなさい。そして蒲の花粉を取ってまき散らし、その上に寝ころぶと良いぞ」と親切に教えた。兎は喜んでその通りにすると身はもと通りになおった。この兎を因幡の白兎というのであり、また今に至るまで兎神《うさぎのかみ》と呼ばれているのである。

そこで大喜びした兎は、オホクニヌシに向かい、「八十神《やそがみ》さま方はきっとヤガミヒメを得られますまい。あなたさまは袋こそ背負っておられますが、そのおやさしい心で姫の心を得られましょう」と祝福した。

この物語に出てくる鰐は、現在山陰地方でサメのことをワニと呼んでいるため、小学校の教科書などでも、これをはっきりとサメだと紹介している本が少なくない。

しかし、実はこれと似たタイプの昔話がインドネシアに語られていて、小鹿が鰐の眷属の数を勘定してやるといい、だましてその背を踏んで川を渡るという話である。日本のこの話も、南方のこの鰐の説話が伝来したものであろうといわれる。

この因幡の白兎を祀った神社が、今でも残っている。鳥取市の西部の白兎海岸の丘の上に鎮座する白兎神社がこれであるといわれる。

さて、八十神達は、ヤガミヒメの家に到着し、求婚したが、姫は、「私はあなたがたのお言葉などききませんよ。オホナムチノ神（オホクニヌシ）となら、喜んで結婚しますわ」といって、きっぱりと断わってしまった。

陰険な八十神達は、嫉妬と怒りのためオホクニヌシを殺そうと謀り、伯耆《ほうき》の国の手間山《てまやま》に、オホクニヌシを連れて行った。そして、「この山には赤い猪がいる。われわれがこれを追い下すから、お前は待ちうけて捕えろ。もし捕えなかったらお前を殺すぞ」といい、猪の形に似た石を真赤《まつか》に焼き、これを山から転がしおとした。オホクニヌシはこれを真に受けて、猪だと思い、これを抱きかかえようとし、大やけどをして、遂に死んでしまった。

これをきいた母のサシクニワカヒメが、嘆き悲しんで天上に昇り、生成の神であるカミムスビノ神にすがった。カミムスビは、キサガヒヒメ（赤貝の女神）とウムガヒヒメ（蛤の女神）をつかわした。彼女達が貝の粉と汁で作った塗り薬のおかげで、オホクニヌシはまたたく間に「麗わしき壮夫《おとこ》」となって、出歩くようになった。

それを見た八十神は、今度は大きな木を切り倒して、それにクサビを打ちこんでおいて、その中にオホクニヌシを入らせ、そのクサビを抜いて殺してしまった。そこでまた母の神がこれを見つけ出して生き返らせた。

母神は「お前はこのままでは、あの八十神によって本当に殺されてしまうだろう」といい、オホクニヌシを紀伊の国のオホヤビコノ神（イタケルノ神）のもとに避難させた。ところが八十神達は、なおもしつこく追いすがるので、遂に母神は、オホクニヌシを、スサノヲ大神のすむ根の国（黄泉の国）に、逃がしてやった。

オホクニヌシは、根の国に到って、スサノヲのもとを訪ねた。すると宮殿の中から娘のスセリヒメが出て来た。若い二人は互いに目くばせして、たちまち意気投合した。

そこで姫は父神のもとに行き、「すばらしくすてきな神さまがいらっしゃいましたよ」と報告した。スサノヲは出て見て、「これは葦原《あしはら》のシコヲという神だ」といい、すぐ呼び入れた。ところが大神はオホクニヌシを何と思ったか、「蛇の室《むろや》」に入れ、そこに寝させた。そこでスセリヒメは、蛇を払い除《よ》ける呪力を持つ「蛇の領巾《ひれ》」をオホクニヌシに与え、「蛇がもし食いつこうとしたら、これを三度振って撃退して下さい」と教えた。彼がその通りにすると、蛇が自然におさまったので、その夜は安眠をした。

これを見て、スサノヲは、次の日の夜「呉公《むかで》と蜂との室《むろや》」に彼を入れたが、またまた姫から「呉公《むかで》と蜂の領巾《ひれ》」を貰い、それによって難を逃がれた。

スサノヲ大神は、翌日も少しく変わらず平然としているオホクニヌシの姿に驚いたが、それではと、鏑《かぶら》矢《や》を広い野原に射放ち、その矢を拾って来るようにと命じた。ミコトがその野に入ると、野に火をつけた。

万事窮したオホクニヌシの前に、一匹の鼠がちょろちょろと出て来、「内はほらほら、外《と》はすぶすぶ」（入口は狭いが内部は広いの意）と言った。そこでミコトは地面をどんどん踏むと、ぽっかりと空《くう》洞《どう》ができ、その中に落ちこんで、焔をやりすごすことができた。ほっとしたミコトの眼前に、例の小鼠が先の鏑矢をくわえて来て、ミコトに献った。その矢の羽根は鼠の子供がみな食い散らしていた。

ミコトがてっきり亡くなったと思ったスセリヒメは、葬式の道具を持って泣き悲しみながら、父神と一緒にその野に出て見ると、案に相違して、ミコトは無事で鏑矢を持って出て来たので、その驚喜は一方ではなかった。

スサノヲは驚いて、今度こそはと、大きな室に呼び入れて、頭の虱《しらみ》を取らせた。オホクニヌシがそれを取ろうとして、大神の頭を見ると、虱ではなく呉公《むかで》がうようよと這いまわっていた。

この様子を窺っていたスセリヒメは、そっとミコトに近づき、椋《むく》の木の実と赤土とをミコトに授けた。ミコトはその木の実を噛み砕いて、これを赤土にまぜ、吐き出した。この光景を見たスサノヲは、呉公を噛みつぶして吐き出すものと思い、感心して寝てしまった。

ミコトはそこで、スサノヲの長い髪をその室のたるきに結びつけ、巨大な石をその戸口に立てかけ、姫を背負うた。そしてスサノヲの持っていた呪宝《じゆほう》「生太刀《いくたち》と生弓矢《いくゆみや》」と「天《あめ》の詔琴《のりごと》」を持って逃げ出した。この宝さえ持っていれば、神聖な祭司王となることができるのである。

その時、琴が樹にふれて音をたてたので、スサノヲは目を覚まし、とび起きようとしたが、髪がたるきに結びつけてあったので、たるきもろとも、その室を引きたおしてしまった。大神があわててこの髪を一つ一つ解いている間に、二人は遠く逃げのびてしまった。

スサノヲは、黄泉平坂《よもつひらさか》まで追って行き、遠く逃げて行くオホクニヌシに呼びかけた。

「おおい。お前が持っている生太刀と生弓矢を持って、お前の兄弟の八十神達を、坂の裾や河の瀬に追いはらい、お前は大きな国の支配者となり、また顕《うつ》し国玉《くにだま》の神（生きながらの国つ神である祭司王）となって、私の娘のスセリヒメを嫡妻《むかいめ》（正妃）として、宇迦《うか》の山の麓に、大きな宮殿を建てて住むが良い。こやつめ」

そこでオホクニヌシは姫を伴なって、葦原《あしはら》の中《なか》つ国に還り、八十神達を、片っ端から撃ちはらって、中つ国の王者となったという。

この物語の最初の方で、大国主が悪い八十神のためにむごい仕打ちをうけ、何度も殺されては、母神のために蘇生させられるのは、古代の成年式や、秘事団体の入団式などで、少年が一人前の戦士や呪医《じゅい》となるため、いろいろな苛酷な苦行を受けさせられたり、また心身をすっかり生まれ替わらせるため、一旦死んで後、復活する儀式、すなわちいわゆる「死と蘇生の儀」を受けさせられたりするような行事の、由来話であったのであろう。

八十神とは、そうした儀礼において、少年にさまざまな苦行や試練を課する先輩の長老役のことであり、またそこに登場する母神とは、そうした祭祀団体の奉じる神であったのであろう。

貝の粉と汁で作った塗り薬の話は、当時の民間医療の方法を表わしたものであろう。オホナムチ（オホクニヌシ）は、『日本書紀』に、「顕見蒼生《うつくしきあをひとぐさ》（現世の人間達）および畜産《けもの》（禽獣）のために、則《すなは》ちその病《やまい》を療《や》むる方を定む。また鳥獣昆虫の災異《わざはい》を攘《はら》はむためには、則ちその禁厭之法《まじないやむるのり》（その害を防ぐまじない）を定む」と記されているように、病気治療や厄除けのための加持《かじ》・祈禱《きとう》・祓いなどの法を、天下に広めた神とされている。

多分、このような呪法を持って民間の信仰をつないでいた一種の巫祝《みこ》の団体があって、オホクニヌシは、そうした団体で奉じていた医療の神であったのだろうと言われている。

そうしてみると、オホクニヌシの受けた、八十神による種々な迫害の話も、実はそうした団体に入門する際に与えられる入門テストの由来話であったのであろう。ここでオホクニヌシが、殺されて後、蘇生する話があるのも、これを表わしている。いろいろな民族の成年式や、そうした巫祝団体の入門式は、「死と復活」の形を取る。若者は神とか部落の祖先とか魔神とかのために多くのテストを受け、山や森の中の小屋や石の建造物、洞窟などで殺され、それから後復活するものと信じられ、実際にそうした形を儀礼で表わすことも少なくない。

これによって、この若者の心身がすっかり一新され、そうした神や祖先と交流し得る一人前の神聖な心身となることができると信じられた。こうした儀礼の由来を語る神話には、その儀礼を最初に作った創始者の英雄の苦難や死と復活を語る話が多い。たとえば、オーストラリアのカラジェリ族の成年式の由来話に、大昔、兄弟の巨人がいて、自然物に名をつけたり、人間に文化を教えたりしたが、最後に成年式の儀典を定め、その祭具なども作った。ところがある男がその兄弟を槍で殺したが、母親のディルガが死体を探し求め、その乳が奔《ほとばし》り流れて地中に入り、兄弟の埋められた地点にまで流れ、それによって兄弟は蘇生し、殺戮《さつりく》者はその乳の洪水に溺死したという。

フィンランドの叙事詩『カレワラ』でも、美男の英雄レミンカイネンが、北国ポヒオラの王の娘に求婚し、種々な試練に逢い、大蛇に殺され、敵どもに体を切り刻まれ、その肉片をみな深い水底に投げこまれる。その母親がこれを探しに出かけ、樹々、河川、月、太陽などいろいろのものに尋ねて、やっと息子の体の各片を集め、蜂に命じて天の主の不死の蜜を持って帰らせ、息子の体にこすりつけると回復したという。これなども、北アジアの巫祝《シャーマン》が、最初にこの職に入門する時、精霊が彼に取りつき、一種の忘我状態に陥らせるが、その時、精霊は彼の霊魂を捕え、切りきざんで殺した後、復活させると信じられていることとも関係があるであろう。

古代のオリエントやギリシャ・ローマなどにおいて、母神の密儀が盛んであった。イシスとかキベレとかデメーテルとかのような、大地の豊饒《みのり》を掌る大母神の祭りであるが、多くの場合、この女神は若い男性の神を伴なっていて、この若神は一旦殺されて後、母神の手によって復活させられるという神話が語られている。そしてこの若神は、往々にして猪によって殺されたという話となっている。フリギヤのキベレ女神の子のアッティス、ギリシャのアフロディテ女神の愛人のアドニス、バビロニアのイシュタル女神の愛人タンムーズ、エジプトのイシス女神の夫オシリスなど、いずれも野猪によって殺され、女神の手によって復活させられるという伝承があり、その祭りにおいて、実際に神の死と復活を表わす行事が行なわれた。そして、多くの場合、こうした秘儀に入門する若者達の入信式・受戒の式が行なわれ、若者達は、彼等の神がかつて殺されて復活したという故事そのままに、死と復活のドラマ的な儀式を受けたのである。

古代人は、祭りは、世の始まりにおける神話時代を表わしたものであると信じていた。そうした時代に、彼等の神が死んで復活したというできごとが行なわれ、それによって現在の自然や人間界の秩序ができ上がったと信じられていた。従って祭りにおいて、そうしたできごとが演じられるのは、そうした世の始まりを、もう一度再現させ、世の中の秩序を一新させようという意図をもっている。

こうした神の死と復活のドラマは、自然や国土にもう一度活力を与えるとともに、祭りに参加する入信者達の心身をも大死一番、新しく生き返らせると信じられたのである。キリスト教、ミスラ教、エレウシス教、イシス教など、古代のオリエントやギリシャ・ローマには、そうした若い神の死と復活を語る秘儀的な宗教が多く、その祭りには、そのような入信の式などが行なわれていた。

オホクニヌシの死と蘇生の物語にもやはり猪（猪の形の石）が出て来ていて、また母神がたびたびこれを復活させる役を果たしているのは、ずいぶんお互いが遠隔の地であるにかかわらず、不思議な一致である。もしかすると、オリエントのそうした祭式や神話が、東亜に少しずつ拡布していったものの断片が、出雲の巫祝《みこ》達の団体によって受け継がれていったのかも知れない。

オホクニヌシの試練は、八十神によるものだけでなく、さらに根の国におけるスサノヲの与える試練が続く。根の国とは、このスサノヲの本来の国であるが、前にも述べたように、古くは琉球八重山などのニライカナイなどと同じく海の果ての「死者の島」なのであったが、しだいに海洋性を失ってゆき、また同時に陰惨性を増していった。最後には『延喜式』の道饗祭《みちあえのまつり》の祝詞《のりと》などでは、根の国・底の国ともいい、地下の死者の住む汚穢の国、恐ろしい邪霊や疫鬼《えきき》のすみかとされ、イザナミの黄泉の国と全く同一のものと考えられている。

しかし、このオホクニヌシの出向いたスサノヲの根の国は、現世とかわらぬ明るさを持ち、大きな宮殿があり、またスセリヒメのような美しい姫もいて、ひどく現実的である。

これは、この出雲の根の国の観念が、まだ素朴で、原始的であったことを表わすのかも知れない。ニューギニヤとかオーストラリアなど、原始的な民族における「死後の世界」の信仰は、やはり同じような現世と変わらぬ明るさを持ち、人々は狩猟や漁猟を行ない、また恋愛や結婚もする生活であると信じられている。スサノヲの根の国でも狩をしたり、恋をしたりしていて、「現世の引き写し」である。陰惨で恐怖に満ちた冥府という観念は、恐らく後世の産物であろう。

しかし、それはともかくとして、このスサノヲの根の国にも、黄泉平坂《よもつひらさか》はあった。ここでスサノヲは逃げて行くオホクニヌシ夫妻に向かって呼びかけ、オホクニヌシが地上に還って偉大な祭司王となることを許可している。死者の国には違いないからである。

蛇の室《むろや》なども蛇が死霊の姿であるとする原始信仰の表われであるし、また鼠の登場なども、後世の民俗で鼠はヨモノと呼ばれ、霊物視されていることと関係がある。ネズミという名称そのものも、元来「根の国の存在」を表わす語から出ているのである。

しかしまた古代の秘密団体で、実際に、呉公や蜂のような毒虫に咬ませたり、その中に寝させるような苦行もなかったとは言えない。

アメリカ・インディアンの戦士団体の加入式や、台湾高砂族《たかさご》の成年式などには、そうした毒虫や毒草の中に伏せさせるという試練や苦行が行なわれているが、日本後世の民俗でも、たとえば、修験道における山伏の荒行には、『出羽風土略記』などに記されるような、峰入りの行法の間、硫黄やドクダミなどの悪臭のあるものを火にいぶして、失神絶息させ、これを朴《ほお》の実を食べさせて生かしたり、新入りの山伏を藤蔓で谷底に吊り下げ、途中で切り落とすというような行事が行なわれたこともある。

また東北地方の盲目の口寄巫女《くちよせみこ》であるイタコ、イチコ、オカミンなどが、師匠の家に入門修行するのに、数年のきびしい修行の後、ダイジュリ、デンジュ、ユルシなどと呼ばれる得度式を受け、その際白の死装束を着け、数百回も水をかぶせて気絶させ、のち蘇生させ、誕生と称して婚礼の装束をさせ、三々九度の盃事をして、一人前の巫女になったことを披露するという風習などもある。これなどは、はっきりと「死と蘇生の儀」という形を取る。

オホクニヌシの根の国では物語は、説話学的に言えば、「英雄求婚型」といわれるタイプに属している。その筋は、(1)若い英雄が敵国ないし他界の王者のもとに行き、(2)その王者に大変な数々の難題を課せられるが、(3)王者の娘の援助により次々に果たし、(4)最後にその娘を伴なって逃げ出す、という形で、ギリシャ神話の「ヤソンとメディア」とか「テセウスとアリアドネ」などの物語にも見え、世界的に分布している。

テセウスの話は、アテナイの王子テセウスが、クレータの大王ミノスの迷宮《ラビリントス》（まがりくねって出入口の判らない宮殿）の中に入れられ、怪物ミノタウロスと闘うが、ミノスの王女アリアドネ姫によって宝剣と糸巻とを貰い、首尾よく怪物を退治し、姫をつれて逃げ出すのである。アルゴ船の英雄ヤソンも、コルキスの大王のもとに、金毛の羊の皮を取りに行き、種々の厄難に逢うが、王の娘のメディア姫の魔法により助けられ、最後に姫を伴なって逃げ出すのである。このタイプはフィンランド、エスキモー、サモエド、マダガスカルなど、世界各地に広まっている。

しかし、オホクニヌシの物語は、単に説話型だけが、渡来して民間に語られたものという解釈では、十分ではない。物語の中に含まれる数多くの、当時の実際の信仰風習の反映がある。スセリヒメが彼に与えた蛇《へみ》の比礼《ひれ》、呉公《むかで》・蜂《はち》の比礼《ひれ》などや、彼がスサノヲから盗み出した生太刀《いくたち》・生弓矢《いくゆみや》・天詔琴《あめののりごと》などの種々の宝物は、恐らく実際に当時の巫祝《みこ》がそうした害虫を追いはらい、病人の魂を呼び返す起死回生の呪物《じゆぶつ》を持っていたことの反映であろう。

『旧事本紀』に見える、物部氏の祖神ニギハヤヒが、天神から貰って天降《あまくだ》りしたという十種の天璽《あまつしるし》瑞宝《みずたから》もやはり起死回生の呪宝で、その中に、蛇の比礼、蜂の比礼、品物《くさぐさ》の比礼というのがあり、また生玉《いくたま》、足玉《たるたま》、道反玉《ちがえしのたま》、死反玉《しにかえしのたま》などの種々の鎮魂《たまふり》の呪具《じゆぐ》の名も見える。古くそうした鎮魂の呪具を持ち伝えていた巫祝《みこ》の徒がいたことを表わすのであろう。天詔琴《あめののりごと》はそうした巫祝の神懸り、託宣に用いる楽器である。

オホクニヌシは、種々の試練や難行の後、一旦殺されて、魂は根の国に赴き、根の国の主《ぬし》や女神から、呪物や験力を授かり、現世に還って、医療や禁厭《まじない》の神となり、偉大な巫祝の王（顕国玉神《うつしくにだまのかみ》）となったというのであるから、この物語が、こうした呪法を持ち歩いていた出雲の巫祝の団体の巫祖《ふそ》伝説（巫祝の開祖の物語）であり、そうした呪宝《じゆほう》が彼等の七つ道具であったことは、確かであろう。また実際に彼等の秘儀的な入門式には、他界を表わす岩室の奥で、そうした呪宝を候補者に見せ、その使用法を伝受するというような儀礼も行なわれたのであろう。

そうした入門式や入信式で、新発意《しんぼち》（新入りの若者）が、単にオーデヤルや「死と蘇生の儀」を受けるばかりでなく、天国や地獄などの「他界」を表わす種々な建物や場所を通らなければならないという形も、世界には広く行なわれ、古代ギリシャのエレウシス教や、イシス教などは有名であったが、日本でも、修験道《しゆげんどう》などで、吉野金峰山から熊野三山までの峰入りの巡拝路や、立山や羽黒三山などのそれに、三途《さんず》の河、賽《さい》の河原、死出の山、各種地獄、浄土、極楽、菩提などの、他界を表わす行場《ぎようば》があり、山伏がこれを通ることによって象徴的な他界めぐりをするような形もあった。三河の山奥の正月頃に行なわれる農村の神楽「花祭」に、願かけしたものがこもっていたという「白山《しらやま》」の行事なども、冥土《めいど》に見たてた人工の山の模型「白山」を設け、願立てをするものが、白装束《しろしようぞく》に身を固め、亡者姿となり、これに入ると、悪魔・外道《げどう》がこれを苦しめる真似事をするのである。こんな行事も、本人が象徴的に死んで冥土に下り、そこから復活して、まともな人間になるための儀礼であった。このシラヤマは単なる死の国であるばかりでなく「生まれ清まり」の場とされ、ここから出て来ることは、生まれ替わることと考えられたのである。

外国に語られる数多くの地獄巡りの物語には、このようなドラマ的な他界巡りの儀式と結びつき、その由来話であったものが少なくない。オホクニヌシの根の国の話も、やはり巫祝の団体への入門式において、実際に「蛇の室」や「呉公・蜂の室」のような、他界を表わす岩室を一つずつ通過するというような形のテストがあり、それから出た話であるかも知れないのである。

## 四　オホクニヌシの恋

さて、例のヤガミヒメは、前の約束のように、オホクニヌシと結婚したが、正室のスセリヒメを恐れて、その生んだ御子《みこ》を木の俣《また》に挟んで、里に帰ってしまった。その御子の名を木の俣の神といい、またの名を御井《みい》の神ともいった。

このオホクニヌシが高志《こし》の国のヌナカハヒメと結婚しようとして、はるばるその国に出かけた時、その姫の家について、次のような意味の歌を歌った。

八千矛《やちほこ》の神の命《みこと》（オホクニヌシ）は、この大八洲《おおやしま》の国には、ふさわしい妻がなかなかいないので、遠い高志《こし》の国（北陸）に、美人がいるときき、はるばると訪ねて来たが、その乙女の閨房《ねや》の戸を押したり引いたりして応答を待っていると、やがてヌエは鳴き、きじもさわぎ、果ては鶏も鳴き出す始末だ。いやはやうとましい声で鳴く鳥だ。この鳥め、打ち叩いて鳴くのを止めさせてくれ。

（大意）

これを聞いたヌナカハヒメは、戸を開かずに、内から次のような意味の歌を返した。

八千矛の神の命よ。私はかよわい女の身。私こそ浦渚《うらす》にいる鳥のようなものでございます。今こそはわがままな鳥で御意にはかないますまいが、後にはきっと御意のままに従う可憐な鳥になりましょう。ですからあまりせいて焦がれ死になさいませんように。

西に見える青山に日が隠れますなら、夜が訪れて参りましょう。その時こそあなたは大喜びで私のもとにおいでになり、あなたの白い腕で、私のやわ肌を抱きしめ、一緒にのびのびとおやすみになれますものを。そんなに恋い焦がれなさいますな。（大意）

ところが、そのうわさを聞いたオオクニヌシの正室スセリヒメは、ひどく嫉妬され、立腹した。ミコトは妻のヒステリーにほとほと困り、わざと大和へ逃げ出すようなそぶりを見せ、片手は馬の鞍に、片足は鐙《あぶみ》にかけて歌った。

私はこれから黒い衣装を念入りにつけ、沖の鳥が首を曲げて胸を見るように、取りすまして服装をながめると、あまり似つかわしくないので、波に投げすてる。次に青い衣をつけて、ながめて見ると、これもあまり似つかわしくないので、波に投げすてる。今度は藍染《あいぞめ》の衣をつけて見ると、とても似合ってすてきに見える。これで十分に支度ができた。ねえ、いとしい妻よ。もし私が、群鳥《むらとり》が飛び立つように、大勢の従者もろともここを去ってしまったら、あなたは幾ら泣かないと言っても、山辺の一本《ひともと》すすきのように、うなだれて泣くだろうし、またあなたの嘆く息が霧となって立つだろう。それでもよいのかね。若草のような妻の命《みこと》よ。（大意）

料金受取人払郵便

本郷局承認

8761

差出有効期間
平成29年７月
31日まで

郵便はがき

1 1 3-8 7 9 0

2 5 1

東京都文京区本郷７丁目２番８号

**吉川弘文館** 行

**愛読者カード**

本書をお買い上げいただきまして、まことにありがとうございました。このハガキを、小社へのご意見またはご注文にご利用下さい。

お買上**書名**

＊本書に関するご感想、ご批判をお聞かせ下さい。

＊出版を希望するテーマ・執筆者名をお聞かせ下さい。

お買上
書店名　　区市町　　書店

◆新刊情報はホームページで　http://www.yoshikawa-k.co.jp/

◆ご注文、ご意見については　E-mail:sales@yoshikawa-k.co.jp

| | | |
|---|---|---|
| ふりがな<br>ご氏名 | | 年齢　　　歳　　男・女 |
| 〒 □□□-□□□□<br>ご住所 | | 電話 |
| ご職業 | | 所属学会等 |
| ご購読<br>新聞名 | | ご購読<br>雑誌名 |

今後、吉川弘文館の「新刊案内」等をお送りいたします(年に数回を予定)。
ご承諾いただける方は右の□の中に✓をご記入ください。　□

# 注文書

月　　日

| 書　　名 | 定　価 | 部　数 |
|---|---|---|
| | 円 | 部 |
| | 円 | 部 |
| | 円 | 部 |
| | 円 | 部 |
| | 円 | 部 |

## 配本は、○印を付けた方法にして下さい。

### イ．下記書店へ配本して下さい。

（直接書店にお渡し下さい）

（書店・取次帖合印）

書店様へ＝書店帖合印を捺印下さい。

### ロ．直接送本して下さい。

代金（書籍代＋送料・手数料）は、お届けの際に現品と引換えにお支払下さい。送料・手数料は、書籍代計1,500円未満530円、1,500円以上230円です（いずれも税込）。

＊お急ぎのご注文には電話、FAXもご利用ください。
電話 03－3813－9151(代)
FAX 03－3812－3544

（ご注意）

・この用紙は、機械で処理しますので、金額を記入する際は、枠内にはっきりと記入してください。また、本票を汚したり、折り曲げたりしないでください。

・この用紙は、ゆうちょ銀行又は郵便局の払込機能付きＡＴＭでもご利用いただけます。

・この払込書を、ゆうちょ銀行又は郵便局の渉外員にお預けになるときは、引換えに預り証を必ずお受け取りください。

・ご依頼人様からご提出いただきました払込書に記載されたおところ、おなまえ等は、加入者様に通知されます。

・この受領証は、払込みの証拠となるものですから大切に保管してください。

収入印紙
課税相当額以上
貼　　付

印

## この用紙で「本郷」年間購読のお申し込みができます。

◆この申込票に必要事項をご記入の上、記載金額を添えて郵便局でお払込み下さい。

◆「本郷」のご送金は、４年分までとさせて頂きます。

## この用紙で書籍のご注文ができます。

◆この申込票の通信欄にご注文の書籍をご記入の上、書籍代金（本体価格＋消費税）に荷造送料を加えた金額をお払込み下さい。

◆荷造送料は、ご注文１回の配送につき380円です。

◆入金確認まで約７日かかります。ご諒承下さい。

**振替払込料は弊社が負担いたしますから無料です。**

※領収証は改めてお送りいたしませんので、予めご諒承下さい。

**お問い合わせ**　〒113-0033・東京都文京区本郷７－２－８
吉川弘文館　営業部
電話03-3813-9151　FAX03-3812-3544

この場所には、何も記載しないでください。

# 払込取扱票

02 東京

通常払込料金加入者負担

| 口座記号番号 | 0 0 1 0 0 - 5 - 2 4 4 |
| --- | --- |
| 加入者名 | 株式会社 吉川弘文館 |
| 金額 | 千 百 十 万 千 百 十 円 ※ |
| 料金 | |
| 備考 | |

各票の※印欄は、ご依頼人において記載してください。

ご依頼人・通信欄

| | |
| --- | --- |
| フリガナ | |
| ※お名前 | |
| 郵便番号 | 電話 |
| ※ご住所 | |
| ※ | |

◆「本郷」購読を希望します

購読開始　　号より

1年 1000円（6冊）　3年 2800円（18冊）
2年 2000円（12冊）　4年 3600円（24冊）
（ご希望の購読期間に○印をお付け下さい）

日附印

裏面の注意事項をお読みください。（ゆうちょ銀行）（承認番号東第53889号）

これより下部には何も記入しないでください。

切り取らないでお出しください。

記載事項を訂正した場合は、その箇所に訂正印を押してください。

# 振替払込請求書兼受領証

| | |
| --- | --- |
| 口座記号番号 | 0 0 1 0 0 - 5 - 2 4 4　通常払込料金加入者負担 |
| 加入者名 | 株式会社 吉川弘文館 |
| 金額 | 千 百 十 万 千 百 十 円 ※ |
| ご依頼人 | おなまえ ※　様 |
| 料金 | 日附印 |
| 備考 | |

この受領証は、大切に保管してください。

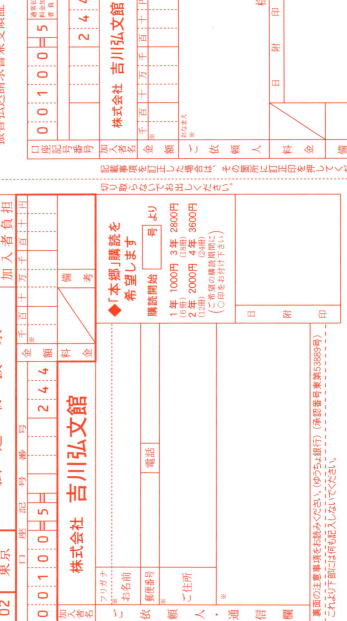

そこでスセリヒメは、手にした酒盃をオホクニヌシにささげ、次のような歌を返した。

八千矛の神の命《みこと》、わが大国主よ。あなたは殿御でいらっしゃるのですもの。何処の島の岬《みさき》でも磯《いそ》の埼《さき》でもお立寄りになったところに、幾らでも若々しい妻をお持ちになれましょう。でも私は女なのですから、あなた以外に夫はありません。ですから何処にもお出かけにならず、やわらかなふとんの下で、私と抱き合って寝て下さいませ。

そこで二人は酒をくみかわし、互いに手を頸にかけ合って、仲なおりし、今に至るまで宮居に鎮まっていられるのであり、これらの歌を「神語《かむがたり》」と呼んでいる。

これらの歌物語は、その描写がひどく演劇的であることや、また酒をくみかわし、手を相手の頸にかけ合って鎮座するという男女の神の姿は、道祖神の交歓の像そのままの姿であることなどから、国学者の橘守部などは、これをそうした神像の前で演じる一種の神楽の台本であろうと考えた。

この歌の一くぎりごとに、その末尾に、「いしたふや　海人駈使《あまはせつかい》　事の語りごとも　こをば」というような語句がついている。「東西東西《とうざいとうざい》、ことの次第はかくの通りでございい」というようなはやし言葉にすぎないが、海人駈使という語は、海人《あま》の芸人の語部《かたりべ》（海語部《あまかたりべ》）が、宮中や官庁に仕えて駈使《はせつかい》部《べ》（使者や雑役）となったものの語りごとであったことを表わすのであろうと、折口信夫氏は考えた。

このようなはやしことばは、『仁徳記』の歌にもある。

さて、このようにしてオホクニヌシは、六人の妻があり、たくさんの御子が生まれた。主な名を挙げれば、宗像《むなかた》の三女神の一人タギリビメとの御子にアヂスキタカヒコネおよびシタテルヒメの兄妹神、またカムヤタテヒメとの御子にコトシロヌシなどがあった。

オホクニヌシが、ある時、出雲のミホの御埼《さき》、ないし一伝によれば、イササの小汀《おはま》に出向いた時、沖の方から白い波頭に乗り、蘿摩《かがみ》の実を割った殻を舟としたものに乗ってやって来た小さい神があった。その神は蛾《が》の皮を剝ぎ、これを衣にしていた。名を尋ねたが、その神は答えなかった。まわりの誰も知らなかった。

するとミコトの前に、ヒキ蛙が来て、「この名はクエビコという者なら存じているはずでございます」と申し上げた。クエビコとは、今の案山子《かがし》のことである。そこで彼を呼んで尋ねると、「これはカミムスビノ神の御子でスクナビコナノ神です」と答えた。

そこでミコトがカミムスビにその旨を申し上げたところ、「確かに私の子です。子供の中でも特に小さいので、私の指の間からこぼれ落ちたのだ」と言われ、スクナビコナに、「お前はこれからオホクニヌシと協力し、この国を作り堅めよ」と命じた。そこで二人は協力して国作りを始めた。

国作りの模様は、『古事記』や『日本書紀』にはあまり記されていないが、『出雲風土記』に、「五《い》百津《ほつ》耜《すき》　耜《すき》なほ取り取らして天下《あめのした》造らしし大穴持命《おほなもちのみこと》」とあったり、『万葉集』に、「大穴牟遅《おほなむち》　少な御神《みかみ》の　作らしし　妹背《いもせ》の山は　見らくしよしも」（巻七）とあったりするのを見ると、もともとはやはり一種の国土の創造の業《わざ》であったように思われる。また二神は、『伊予風土記』逸文に見えるように、温泉を拓いたり、医療やまじないの法を広めたり、農耕を教えたりして、種々の文化的事業を興したと伝えられる。

オホクニヌシという名は『古事記』だけの呼び名であるが、「偉大な国土の主」を意味し、その別名の一つであるオホクニダマが、「偉大な国土の神霊」を意味するのと同じく、いかにも国土の建設者にはふさわしい名である。オホナムチの「ナ」も、もともと「地震《ない》」や「名主《なぬし》」などの「ナ」と同じく、「土地」を意味する古語であったのであろう。従って、オホナムチも、オホクニヌシと同様な意味の名であろう。「ムチ」はアマテラス大神の別名オホヒルメムチの「ムチ」と同じく「貴い存在」を意味する。これが後に大穴持《おほあなもち》とか大名持《おほなもち》とかいうようにいろいろと表記されるようになると、「大きな穴、すなわち洞窟の主」とか「大きな名の所有者」を意味すると考えられるようになったのであろう。実際にこの神は、後に述べるように、洞窟にゆかりのある神でもあり、また偉大な神威の持ち主でもあった。

後世のフォークロアで、地主神《じぬしがみ》、地主様《じぬしさま》、地神様《じしんさま》、地《じ》の神様《かみさま》などという神は、一種の土地の神であり、屋敷内の宅地や畑地などに祀られ、多く土地の開拓者の霊を祀ると伝えられる。また大きな社寺などの境内や域内に祀る地主神《じしゆじん》、地主権現《じしゆごんげん》などという神は、新しい神仏の崇拝がその土地に入って来る以前から、その土地を古くから占めていた、いわば一種の地主としての神のことである。いずれにしても、古い土地の霊格である。

オホナムチとかオホクニヌシという名も、恐らくそうした地主の神を表わす名で、出雲における大きな土地の神として名づけられたのであろう。『古語拾遺』に大地主神《おほつちぬしのかみ》、『皇太神宮儀式帳』に、大《おほ》土《つち》神社などの名が見えるのも、そうした土地の神である。

後世のフォークロアに見える、狩人や杣人《そまびと》の信奉する狩と蕃殖、樹木などの母神である山の神も、実は大汝《おおなんじ》、オオナジンなどという名を持っている。典型的な男神である『記』『紀』のオホナムチと対照的であるが、これも要するに、古代の大地の蕃殖母神の民間伝承化したものであることは、堀田吉雄氏なども述べているところである。私はかつて、古典に見えるオホナムチでさえ、その原型はむしろ母神であって、例の八十神の試練の話に隠見する母神こそ、かつてオホナムチを名とした存在ではなかったかと論じたことがある。

このオホナムチは、少なくとも古典に見える限りの性格では、ひどく人間的である。しかし、出雲やその他の各地で現実に崇拝され、祭られる形では、かなりいろいろな機能や内性も表われていた。

近世の『懐橘談』によると、この神の鎮座地である出雲の御崎山は、一名八雲山ないし蛇山という。また旧十月十一日から十七日までの斎日（神在祭《かみありまつり》）には、荒い風波の時、海藻に乗った海蛇（これを竜蛇様《りゆうじやさま》という）が竜宮から大宮に参向するため、大社の西の稲佐の浜に寄り着くという伝えが現在でもあり、これは大社の神殿が西方稲佐の浜の方へ向いていることとも関係し、「竜蛇の形で海から来訪して来る神」がオホナムチの一つの姿であろうとも考えられている。『続日本紀』宝亀年間の記事に見える、大隅の火山島の出現などにもこの神が祀られているのは、火山の神と見なされたからであろう。

この神がスクナヒコナと協力して、いろいろな事業を行なっているのにも、幾つかの内性が窺われる。スクナヒコナは、アイヌの伝説に見えるコロボックルと同じように、人間に福をもたらしに常世の国からやって来る小人の神であった。世界的に広い信仰として、人間にせよ動物・植物にせよ、その霊魂は小人の形をしているという俗信がある。たとえば、インドネシア人などは、人の霊魂スマンガは小人の形で、頭のヒヨメキから出入りすると信じ、また稲の精霊も同様な小人の姿であると信じている。

ヨーロッパの伝説や昔話などに出て来る小人族も、もとは霊魂信仰から出て来て民話化した存在になったものと言われている。粉屋の手助けや麦刈りの手伝いをしてくれて、助かったという話も多く、これはもともと穀物の精霊《スピリット》であったという古い内性をよく残している。

スクナヒコナも、蛾の皮を着、カガミの殻の小舟に乗って寄りつくというのは、蛾が死霊の姿であるという広い未開信仰とも関係あり、小さい霊魂神であることを表わしている。

この神は、オホクニヌシと協力して国作りをした後、海のかなたの仙境常世《とこよ》の国に渡ってしまったという。『日本書紀』に見える別の伝えでは、熊野の御崎《みさき》から渡って行ったといい、また一伝では、淡島で粟茎《あわがら》にのぼり、弾きとばされて常世に渡ったともいわれる。この神が、常世の国の存在であり、また穀物と関係深い神であることを表わしている。

この神は『風土記』などには、稲種をまき散らしたり、農耕の道を教えたりして穀物との関係が濃く表われ、また『古事記』の、蛙や案山子が、この神の正体をよく知っていたという話なども、田との結びつきをよく示している。この神が一面に酒の神、クシの神と呼ばれ、造酒にゆかりの深い神とされているのも、穀物の神からの転化であろう。酒は米から造るものであるからである。

この神の穀霊としての性格は、中世の、「お椀の舟に箸の櫂《かい》」の一寸法師や、近世の『吉蘇志略』などに見える、臼の中に養われたという小《ちい》さ子などの内性に受け継がれていった。これらも、椀・箸・臼などといったように食物との結びつきは無くなっていない。

この神は「常世にいます岩たたす少名御神」と歌われ、しばしば岩石に憑《よ》りつき、また岩窟内に祀られたことは、いろいろな文献記録に見える。これはオホナムチの崇拝ともしばしば結びついている。『文徳実録』に、常陸の鹿島郡大洗《おおあらい》磯前《いそのさき》神社（磯節で有名な大洗さま）の祭神は、海岸に寄り来った不思議な石を神体とし、人に憑《の》り移って「われはオホナモチ・スクナヒコナノミコトなり」という神託を授けたといい、また『延喜式』神名帳に、能登羽咋郡に大《おほ》穴《な》持像石《もちかたいし》神社、同じ国の能登郡に宿《すく》那《な》彦神像石《ひこのかみかたいし》神社などの名も見える。『万葉集』巻三に見える「おほなむち　すくなひこなの　いましけむ　志都《しづ》の石室《いはや》は　幾代経《へ》ぬらむ」の歌の「志津の石室」とは、石見の国の地名らしいが、これも岩石にゆかりの神であることを表わしている。

こうした岩石との関係は、この神がオホナムチと共に、古く岩窟内に石神として崇拝されていたことを表わしている。

古代日本人にとって、海から打ち上げられた石、すなわち寄石《よりいし》には、しばしば神霊が宿ると信じられていた。スクナヒコナは、海の果ての常世から寄り来る神霊であると信じられたから、寄石を神体としたのであろう。

この神に去られて、すっかり落胆したオホクニヌシは、「私だけではどうして国作りができよう。誰か協力者はいないものか」と嘆いた。

この時、「海原を照らして寄り来る神」があった。この神はオホクニヌシに向かい、「もしあなたがよく私を祀ってくれるなら、私はあなたと協力して国作りを致しましょう」と言った。そこでオホクニヌシは、そのまつりかたを尋ねると、「大和の国の青々と垣のように茂った東の山の上にまつればよい」と答えた。これが大和の御諸《みもろ》の山に鎮座する神であるという。これがすなわち大神《おおみわ》神社である。

この大神神社の祭神は、有名な霊神オホモノヌシである。この神は、大和の豪族三輪氏（大神《おおみわ》朝臣）の奉じていた生粋の大和の神であるが、ここでは、出雲のオホクニヌシとの協力者とされている。『日本書紀』の一書の伝えによると、この海原から寄り集った神霊は、オホクニヌシ自身の幸魂《さきみたま》・奇《くし》魂《みたま》（霊魂の一つの名）であると伝えている。『古語拾遺』や『新撰姓氏録』によると、オホモノヌシは、完全にオホクニヌシの別名とされている。しかし、もともとは別神なのであろう。

このオオモノヌスシには、『古事記』や『日本書紀』の中には、幾つかの神婚説話が語られている。その一つとして、崇神天皇の時、流行病で多くの人民が死んだが、オオモノヌスシが天皇の夢に現われ、「わしの子孫のオホタタネコを探し出して、わしを祀らせたなら国は安らかになるぞ」と教えたので、その人を探し出して祀らせた。三輪氏はその子孫の家であるという。オホタタネコの素性《すじょう》については、オホモノヌシが美男の姿で、夜、イクタマヨリヒメのもとに、しのんで来るが、姫は妊娠したので、姫の父母が男の正体をつきとめようとして、姫に「糸巻きの糸を針に通し、それを男の裾に刺しておきなさい」と教えた。姫がその通りにして、朝見ると、糸巻の糸は戸の鍵穴から外に抜け通り、糸巻にはただ三巻の糸が残っていた。姫はその糸を頼りに尋ねて行くと、三輪山の神であることが判った。糸巻に糸が三勾《みわ》（三巻）残っていたので、この地をミワというようになったという。これは『古事記』の話である。

こうしたタイプの神婚説話は、後世の伝説・昔話でも、全国的に広く語られ、その共通な筋として、(1)夜な夜な娘のもとに通う男の正体を知ろうと、オダマキ（糸巻）の糸と針で男の衣のすそに縫いつけ、(2)朝これをたどって跡をつけて見ると、山中か洞窟かで大蛇が伏しており、針の毒で傷ついて死ぬが、(3)その蛇神の胤が娘にやどって生まれた子は、後に偉い勇士となる、というような内容を持ち、豊後の緒方《おがた》三郎や越後の五十嵐《いがらし》小文治などの伝説にも見られる。

三輪のオホモノヌシは古くから蛇神として知られ、『日本書紀』では、やはり「崇神紀」に、霊験ある巫女であったヤマトトトヒモモソヒメを妻とし、ヒメの乞いによってその正体を現じ、小蛇の姿となったという話がある。イクタマヨリヒメの話でも、糸をたどって見たら、蛇であったというのが、本来の形であろう。タマヨリヒメという名は山城の賀茂の神婚説話にも見える。その名義は「魂憑《たまよ》り姫」、すなわち巫女である。

またこの説話型は、朝鮮、満洲、安南などにもあり、朝鮮ではこの男の正体は蛇かミミズであり、日本と一致する。満洲の清王朝の始祖のヌルハチの出生伝説にも、その型があるが、満洲などでは、その正体はカワウソとなっていることが多い。

いずれにしても、日本のこのタイプの話は、元来、大陸系の神婚説話であり、あとは朝鮮半島を通じて、帰化人などの手によってもたらされたものであろう。

三輪氏がこれを取り入れ、己《おの》が家の祖先伝説としたのは、民衆の信仰の篤い雷神オホモノヌシノ神と、自家との間に血縁関係があるということを強調することにより、三輪氏がこの神を祀る独占的な祭祀権を得、これによって大和一円に勢力を振おうとした意図があったからであろう。

## 五　拡大するオホナムチの宗教

しかし、ここで触れなければならないのは、オホナムチ（オホクニヌシ）と、遠い国の神である、高志《こし》（越）のヌナカワヒメとの恋物語や、大和のオホモノヌシとの協力の物語などの存在の理由である。

オホナムチは出雲の西部の杵築《きづき》地方におこった大地的・農耕的、さらにその辺の漁民御崎海人《みさきあま》などの海洋的な面も加えた、地方的霊格であったが、この神の内性は、決して何時までもそうした地域だけの風土的霊格に止まっていなかったらしい。

この神の説話は、『出雲風土記』の中にも、ほぼ出雲の全域にわたり、語られていて、「天の下造らしし大神」として讃えられているが、この神の崇拝や神話は、出雲ばかりでなく、かなり広大な範囲に拡布されていたという証拠が数々ある。時としてはその相棒のスクナヒコを伴ってである。

『播磨風土記』によると、オホナムチとスクナヒコナは、盛んに活躍する。神前郡の話に、この二神が競争し、前者が大便をこらえて遠くに行き、後者が重い土を荷なって遠くに行くことの、がまん競べをやったという話や、賀毛郡の話に、オホナムチが稲をついて、糠《ぬか》が散ったという話、また揖保郡や宍禾郡の話に、韓国《からくに》から渡来した蕃神アメノヒボコとこのアシハラノシコヲ（オホナムチ）との二神が、天下分け目の勢力争いをしたという話など、数多く語られている。

しかし、この二神の活躍は播磨だけではない。前に述べた『伊予風土記』逸文の温泉由来話では、伊予の道後温泉の開拓者とされ、『文徳実録』では、常陸大洗の石神が、この二神であるとされている。『万葉集』に、この二神が歌われた地名は、石見、筑前、紀伊などにあるとされている。

『延喜式』の神名帳を見ても、オホナムチの名を持った神社は、大和、摂津、能登、播磨、筑前などの各地にあり、また「出雲……神社」というように、「出雲」という名のついた神社も、出雲ばかりでなく畿内、東国、四国、九州までも分布していた。

こうした現象は、他の神には見られない。古代の神は、特定の地域や特定の氏族にのみ結びついているローカルな神が多く、このような地域を越え、氏族とは関係なく、どんどんと他国にまでも拡がってゆくような神の信仰は、まだ十分に発達していなかった。ところがこのオホナムチだけは例外で、奈良末期には、すでにこのような全国的な規模で拡がっていたのである。

このことは、オホナムチの崇拝と神話とが、一種の宗教家達によって、宗教活動として各地に拡められた新しい宗教であることを表わしている。『播磨風土記』を見ると、出雲人《いずもびと》と称する一群の人達が、各地で出雲の神を祀ったり、各地を巡ったりしている。その書に見える、オホナムチとアメノヒボコとの争いなどは、恐らくその出雲人と、ヒボコを奉じる韓人出石人《からびといずしびと》との実際の勢力争いを反映したものであろう。

彼等は、予言、託宣、医療、禁厭《まじない》などをもって、各地を経《へ》めぐり、その中祖としてのオホナムチとその相棒スクナヒコナの神徳を拡めていった一種の巫祝《みこ》であったのであろう。ヤガミヒメのもとに旅をしたオホクニヌシが大きな袋をかつぐ話も、恐らく実際に彼等が、医療の禁厭のためのいろいろな道具を袋に入れてかついでいった姿であったのであろう。

もちろん医療の神徳ばかりでなく、「国作らしし大神」として、国土の建設者、農耕の恩人としても讃えられ、万葉時代には、九州、四国、近畿までも、人気のある神とされていた。

それらの本拠地が出雲の杵築地方であり、いわばその総本家・総元締ともいうべきものが、出雲大社であったのであろう。そしてその祭祀権を独占したのが、後に述べるように、出雲国造家であったのであろう。

オホナムチの宗教が、非常な勢いで各地に伝播し、まず出雲国内の多くのローカルな神々をも、御子神、眷属神に加え、また各地の農耕の母神をも、その信仰圏の中に包摂し、その妻や妾とするというような形で、そのパンテオンは大きく拡大していったのであろう。

スセリヒメとの結婚も、『出雲風土記』に、ワカスセリヒメという名で出て来る。出雲土着の女神であろう。

これがやがて出雲国を越え、各地に伝播するようになると、ますますその信仰圏は増大し、高志《こし》のヌナカハヒメや北九州の宗像《むなかた》のタギリヒメなどとも通婚する話となり、また大和の三輪のオホモノヌシと同一視されるようになったり、葛城《かつらぎ》のアヂスキタカヒコネや、ヤヘコトシロヌシなどの、鴨氏族の神をも、その御子神の中に加えるようなことになったのであろう。

『記』『紀』を見ると、高天原の天つ神を中心とする「高天原パンテオン」に対し、出雲系のスサノヲ、オホナムチを中心とする「出雲パンテオン」が、大変な勢力を占め、出雲のみならず畿内の各地にも、先住の国つ神群として、対抗していたような様子が見える。

『記』『紀』に見られる出雲を舞台とする神話群は、全体の三分の一を占め、これらの神々の活躍を伝える。これらも一括して一般に「出雲神話」と呼んでいる。そしてこの出雲神話には、そうした「出雲パンテオン」の神々が活躍するのである。

こうした出雲神話の日本神話における比重の大きさの理由については、従来、いろいろな説明がなされて来た。かつて日本の古代に出雲民族というのがいて、出雲を中心に畿内までも勢力を占めていて、これと後からやって来た天孫民族との間に、勢力の対立があったのであり、神話はそのことを反映したのだろうという説とか、強大な「出雲系氏族群」ともいうべき、一種の「外様《とざま》大名的グループ」を持つ豪族の連合体があり、大和朝廷を中心とする中央の貴族群に対し、対立的立場を有していたことの、説話的反映であろうという説とか、これらは全くの中央の造作で、大和朝廷の権威の淵源を説くため、その代表としての高天原の世界に対立する一種のアンチテーゼとして、無関係な数多くの国つ神達を、系譜で結びつけ、架空なパンテオンを作ったのだという説だとか、さまざまに論議されている。

しかし、出雲には特別に異なった異種族の文化があったとか、大和朝廷を圧するほどの強大な政治・文化の中心があったとかいうことを示す証拠は何一つ考古学的にはないのである。だからと言って、これを全くの中央での創作だとするには、畿内、中国、四国、九州、果ては東国にまでも、出雲の神々の崇拝や神話が、あまりにも、古くから拡がっているのである。

こうした謎解きの第一は、私は、前に述べたような出雲系の巫祝《みこ》達の活動による「出雲信仰圏の拡大」にあると考えている。すなわち、この出雲神話の特殊性は、民族的理由とか政治的理由とかより、まず宗教的理由に求めるべきなのである。『出雲風土記』を見ると、出雲には、他の風土記には見られない、中央とは関係ないローカルな佐陀《さだ》大神とか野城《のぎ》大神とかの口碑伝承が満ち、独自な信仰圏であることを感じさせるものがある。天皇や皇子の巡幸伝説などは、一つもない。

「出雲神話」は現実の国土出雲の風土伝承ではない。ある時期に（私は、かなり遅く、七、八世紀の頃と考えているが）畿内や東国にまで、非常な勢いで伝播・拡布していった「出雲信仰圏の産物」である。出雲は決して畿内・大和より古い文化の母胎でもなければ、大和朝廷の成立以前に栄えていた「出雲朝廷」の根拠地でもなかった。ただそうした巫祝《みこ》達の一種のセンターであったのである。

こうした宗教的な活動によって、大和の三輪や葛城のような有力な大神達までも含めた出雲パンテオンの形成が、七世紀以降、急に顕著になったため、朝廷側で、これらの神話群を取り上げ、これを物々しく描き、自分の高天原のパンテオンに対立する、荒ぶる国つ神の系列、征服されるべき邪霊的な存在の仲間の側に、それらを押しこんだのであろう。

オホクニヌシの試練や根の国行きの物語などは、そうした巫祝《みこ》達の団体への入門式の由来話であるか、またそれは同時に、これらの最高のボスであった一種の祭司王出雲国造《いづものくにのみやつこ》の就任の際に語る縁起《えんぎ》神話でもあったのであろう。彼がなったというウツシクニダマノ神とは、国土の神霊であるクニダマの神を体して、国土を統治する「生き身の神」「あきつ神」のことであり、現実には出雲国造を表わすと考えられる。

出雲国造は、古くからいわゆる「神火・神水の式」というものを受けて、不生不滅の神聖な「生《い》き神《がみ》」であるとされていて、三月会《さんがつえ》などの古い行事では、近世まで、神座に背を向けて坐り、つまり自ら神となって神饌を受けたのである。従って国造のことを、オホナムチ大神の「御杖代《みつえしろ》」（ヨリマシ）と呼んでいるのである。

# 二つのパンティオン

## 一　国譲りの使者

葦原《あしはら》の中《なか》つ国《くに》（高天原《たかまがはら》と黄泉《よみ》の国の中間にある地上の人間の国土）で、オホナムチが国作りにはげんでいたころ、高天原では天照大神《あまてらすおおみかみ》が治めていて、中つ国をも平定しようとして、「豊葦原《とよあしはら》の、千秋《ちあき》の長五百秋《ながいほあき》の水穂《みづほ》の国は、わが御子正勝吾勝勝速日天忍穂耳命《まさかつあかつかちはやひあめのおしほみみのみこと》の知らさむ国」といい、太子のオシホミミを中つ国の主としようと、神々に謀った。

ミコトが天の浮橋《うきはし》に立って下界を見ると、ひどく邪神がはびこって騒がしいので、高天原に帰って大神に報告した。

大神は、天《あめ》の安河に神々を集め、会議を開き、アメノホヒが使者となって下るが、ミコトはオホナムチに懐柔され、三年たっても復命しない。ついでアメワカヒコが遣わされるが、これもオホナムチの娘シタテルヒメを妻として、八年たっても帰って来なかった。

そこで、天照大神と高木大神《たかぎのおほかみ》（タカミムスビの別名）とは、ナキメという名の雉《きじ》を派遣して、ワカヒコの様子を尋ねさせた。ナキメは天降ってワカヒコの御殿のかたわらの神聖な桂《かつら》の木に止まり、天の神の言葉を伝えた。

ところがワカヒコの侍女にアメノサグメという女がいて、雉の鳴き声を聞いてワカヒコに、「あの鳥はいやな鳴声ですね。すぐ射殺《いころ》した方がよいでしょう」と勧めた。そこでワカヒコは、天の神から授けられた弓矢を持ち出して、その雉に向かってひょうと射た。

矢は雉の胸を貫いて射上げられ、天上のアマテラスとタカミムスビのもとに届いた。タカミムスビはその矢を手に取って見ると、羽根に赤い血がついていて、また矢も自分がワカヒコに授けたものであることが判った。そこで「もしワカヒコに邪《よこしま》な心があるなら、この矢にあたれ」と誓って、これを下界に投げ返した。その矢はたまたま新嘗祭《にいなめさい》の神床《かむどこ》に寝ているワカヒコの胸に突きささり、ワカヒコは死んでしまった。

夫を失った妻のシタテルヒメの嘆き悲しむ声は風に運ばれて天上まで届いた。そこで高天原にいたワカヒコの遺族、親や妻子達も、ワカヒコのために下界に降り、喪屋《もや》を造り、死体をここに安置し、雁を供物にささげる役とし、鷺《さぎ》を箒《ほうき》で穢れを払う役とし、かわせみを料理人とし、雀を臼をつく女とし、雉を泣女《なきおんな》の役にとするなど、いろいろな役目を決め、八日八晩歌ったり踊ったりして葬儀を行なった。

こうした葬儀に、さまざまな鳥が諸役を担当しているのは、古代において、死霊は鳥の姿を借り、または鳥に乗って飛び立つという信仰に基づいた物語だと言ってよいが、また同時に、実際の葬儀に鳥の姿に扮装する歌舞が行なわれたことの描写であるとも考えられる。未開人の葬式には、そうした風習も少なくない。

この最中に、オホクニヌシの御子で、シタテルヒメの兄アヂスキタカヒコネが弔問にやって来た。すると、ワカヒコの父や天上の妻は、ワカヒコだと見あやまって、その手足に取りすがって嬉し泣きに泣いた。というのは、ワカヒコとアヂスキタカヒコネとは、瓜二つというくらいそっくりだったからである。

するとアヂスキは、ひどく怒り、「わたしはワカヒコの親友だからこそ悔《くや》みに来たのに、よくもそのわたしを、穢れた死人なぞと一緒にするのか」と怒鳴り、大量《おおはかり》の剣《たち》という長剣を抜き放つが早いか、喪屋を切り倒し、足で蹴たおしてしまった。蹴たおした喪屋は、美濃の国の喪山《もやま》という山になった。

古代人は喪屋に死体を置いている期間、すなわち殯《もがり》の期間は、まだ死に切っていない期間、言いかえれば蘇生の可能性のある期間だと思っていた。従ってその喪屋で歌われる歌舞管絃の遊びは、一種のタマフリ、すなわち霊魂を呼び戻して蘇生させようとする鎮魂儀礼なのであった。従ってアヂスキをワカヒコの復活したものと誤認したのも、そうしたタマフリによって復活したのだと信じたからである。

アヂスキの飛び去る雄姿に、妹のシタテルヒメは見とれて次のような歌を歌った。

天《あめ》なるや　弟棚機《おとたなばた》の　うながせる玉の御統《みすまる》、御統《みすまる》に　あな玉はや。み谷二《ふた》わたらす　あぢしきたかひこねの神ぞ。

（天上の若いタナバタ姫の糸に貫いた首飾りの玉、あのすばらしい玉のスバル星よ。その玉の星のように光り輝いて幾つもの谷の間を飛んで行く、アヂスキの神よ）

『日本書紀』では、この歌（ヒナブリと名づけられる）は、シタテルヒメではなく、喪に集った人達の合唱した歌ということになっている。このヒナブリは、もとアヂスキの神の祀りの歌であろうが、後には宮廷に取り入れられて宮廷歌曲として演奏せられたもののようである。

しかし、この歌物語の原素材としての、ワカヒコ、アヂスキ、シタテルヒメのトリオの物語は、全体の構成がドラマ的な内容を持っていたらしい。若い神の天降りとその恋物語、雉の返し矢とアメノサグメ（後世の昔話にでて来るアマノジャク）の出現、若い神の死と諸鳥による葬送、その神に似たアヂスキの登場、その剣を抜いての荒《すさ》びと、光り輝いての退場、ヒメおよび人々の合唱、というようなシーンがあったと考えると、これは典型的な歌舞劇《かぶげき》の台本ではないかと考えられよう。ワカヒコに似たアヂスキの登場を、ワカヒコの復活と誤認する話は、もともとワカヒコの復活した形としてアヂスキが登場する話の訛伝であると言える。して見ると、この話は、もと祀りのさい、若い神の死と復活を演じる聖なる劇から出ている話であると言えよう。

オリエントの古代社会においても、そうした若い男神の死と復活の聖劇が、祭りのさいに演じられたのである。そうした若い神は、アドニスとかタンムーズとか呼ばれ、毎年大地に生育しては枯れ、また復活して来る植物霊ないし冬至の頃一旦《いったん》死んでは、再び光熱を復活して来る太陽神であろうといわれる。これは前に述べたオホナムチの死と蘇生の話も、これに属するが、アメワカヒコも、それと同じような内性の神なのであろう。

アヂスキは、大和の葛城山《かつらぎやま》の麓、御所《ごせ》市大字鴨神の高鴨神社に祀られているが、土佐、播磨、摂津などの各地にも祀られたらしいことは古典にも記され、ことに出雲には古くからこの神の社や口碑が存在し、神戸《かむべ》も置かれていたことは、『出雲風土記』にも明証がある。

そこでは、この神は、スサノヲと同じように、「みひげ八握《やつか》に生《お》ふるまで夜昼哭《よるひるな》きまして」口がきけなかったので、ミソギをさせたら口がきけるようになったと語られている。アヂスキのスキは文字通り農具の鋤《すき》で、この神の農耕神的な性格を表わしているのであるが、この神はまた同時に大和葛城地方の有力な雷神・蛇神でもあったらしい。

アメワカヒコは、平安の『宇津保物語』や『梁塵秘抄』、また中世のお伽草子の『天稚彦物語』などに見える、天稚御子《あめわかみこ》、天稚彦と同じ存在であろう。これらの物語では、いずれも天から降る美しい若い神で、音楽を好み、また時として人間の乙女を妻問う存在である。アイルランドなどの妖精《フェアリ》と似た性格がある。

アメノサグメは、本居宣長などもいうように、後世の民間伝承に盛んに出て来るアマノジャク、アマンジャクと同じもので、常に神仏に反抗し、これに退治される妖怪的な存在である。これらが登場するこの物語が、民間の伝承を素材としていることは、疑いがない。

シタテルヒメは、実は摂津東生郡にあったという比売許曽《ひめこそ》神社の祭神であった。この神は、『古事記』の応神記に伝えられている別の話によると、新羅王子アメノヒボコの妻となった女神で、太陽の光の感染によって生まれた赤玉が化した女神ということになっている。つまり、難波《なにわ》辺にいた韓人《からひと》出石族《いずしぞく》によってまつられていた太陽女神なのであろう。

実は、この歌物語の真の舞台は、神話に語られているような出雲ではなく、このシタテルヒメのヒメコソ神社があった摂津であったらしいのである。『万葉集』巻三に、「久方《ひさかた》の　天《あめ》の探女《さぐめ》の　石船《いはふね》の　泊《は》てし高津《たかつ》は　あせにけるかも」の歌があるのは名高い。『続歌林良材集』に引く『津国風土記』にも、アメノサグメがアメワカヒコの伴をして磐《いわ》船《ふね》で天降った地が高津であると知られる。これらの伝承はみなこの附近を母胎として、古くから伝えられていたものらしい。

摂津にはまた鴨系の氏族もいたらしいから、アヂスキの崇拝も行なわれていたと考えられる。

要するに、この歌物語は、もとは摂津辺におこった民間の歌舞劇の台本から出て来たもので、これがやがて葛城のアヂスキの崇拝と結びついたものであろう。これが最後に出雲国譲りの神話に結びつけられて語られたのは、恐らく七、八世紀の歴史編纂のさいの大和朝廷の人達の文筆的作業によるものであろう。決して出雲固有の伝承ではない。

さて、高天原では、第三回目の使者として、勇猛なタケミカヅチが選ばれ、アメノトリフネノ神が副えられた。

この二神は出雲の稲佐の小浜に降り立つと、剣を抜いて浪がしらに逆さまに刺し立て、その前にあぐらをかいて、オホナムチに国土献上を迫った。オホナムチは、美保岬《みほのみさき》に行っている御子のヤヘコトシロヌシに相談してくれといった。それでアメノトリフネが迎えに行き、漁《すなど》りをしているところを、連れて来た。

コトシロヌシは、覚悟を決め、父神に国土の献上をすすめ、その船を青々した生垣《いけがき》(青柴垣)に変化させ、その中に隠れ消え去ってしまった。美保関町の美保神社は、いまでもこの故事を偲んで、毎年十二月三日に諸手船の神事、四月七日に青柴垣《あおふしがき》の神事がある。後者の行事では、二隻の神船のまわりに柴垣を設け、中に御幣を納めた唐櫃《からびつ》をすえ、神の役をする頭人《とうにん》やその妻小忌人《おみ》(オミサン)が乗り、海上渡御がある。諸手船の神事は、樟材を接合させた古代のクリ舟の形の二艘の諸手船に宮司をはじめ大勢が分乗し、海上渡御を行ない、また天つ神とコトシロヌシの問答になぞらえ祝言問答がある。いずれも、漁民の祀りらしい特色を持っていて、海上かなたから神霊の来臨があり、これを土地の神が接待する祀りなのであろう。

コトシロヌシという神は、古くは美保神社には祀られておらず、『出雲風土記』には、この地はオホナムチとヌナカハヒメの御子ミホススミの鎮座地であるという。コトシロヌシは、実は大和の葛城にある鴨都味波八重事代主《かもつみはやへことしろぬし》神社がその本拠地であった。出雲には、この神は古くはどこにも祀られていなかった。

しかし、それではいったい、その葛城山の麓の山国の神が、どうして自分に縁もゆかりもない出雲の美保の海岸にまで船遊びに出、ここで海中に隠れ去ったと語られたのであろうか。不思議なことである。これもみな単なる中央のデッチ上げとして済ませられるものでもない。

実はコトシロヌシとかコトシロとかいう名は、古くは、神が憑《の》り移って託宣を述べる、ヨリマシ（尸童）を表わす普通名詞であったらしいのである。古典を見ると、この鴨のヤヘコトシロヌシ以外に、別系統と思われる幾つかのコトシロ、コトシロヌシがあるが、いずれも託宣に関係している。『日本書紀』に、神功皇后に神託を授けたコトシロヌシは、摂津の長田神社の神で、住吉《すみよし》系統の託宣神であった。大和の飛鳥神社の祭神は、アメノコトシロヌシといって、飛鳥直《あすかのあたえ》という豪族が奉じる託宣神であった。『顕宗紀』に、日の神、月の神が人に憑り移って託宣を下したのも、アベノオミコトシロという人物に対してである。コトシロヌシという名の神は、どうやらヨリマシの姿を神格化して、託宣を掌る神としたものらしい。従っていろいろの地方の古社やいろいろな氏族で、それぞれ自分のコトシロ、コトシロヌシがいたとしても不思議はない。しかもそれは、必ずしも葛城や住吉のコトシロヌシのように、特別に祭神として独立しているものばかりではなかったであろう。アベノオミコトシロのような、高名なヨリマシの名として伝えられている場合もあろう。オホクニヌシが返事する代わりに、コトシロヌシが返事をしたというのは、オホクニヌシが、ヨリマシを通じて託宣を下したということの神話的表現である。美保岬《みほのみさき》が舞台となっているのは、美保神社が、託宣をもって知られ、また青柴垣《あおふしがき》のような特殊神事でもよく知られていたからであろう。近世・中世でも、この神社の、一年神主《いちねんかんぬし》の託宣は知られていた。

美保神社にも、そうした意味でのコトシロ、コトシロヌシの伝承がなかったとは言えない。恐らくそうした出雲のコトシロ、コトシロヌシと、有名な葛城のヤヘコトシロヌシとが同一視されたところに、このような神話の発生があるのであろう。

青柴垣というのは、古くは神霊のこもります場所であり、またそこから神霊が出現する聖なる区切りであった。その中に神が消え去ったという神話は、要するにそこからこの神が常に示現して託宣するという神事儀礼の由来を説明するために作られた話である。船を青垣に変じ、その中に消え去るという奇蹟は、神以外には無理な業《わざ》であるが、青柴垣の神船に、神霊が憑《の》り移った頭人が乗り、神幸が行なわれることの由来話と考えれば不思議ではなく、やはりこの神話は美保の神事と無関係ではない。

## 二　相撲神事と国譲り

さて、オホクニヌシのもう一人の御子タケミナカタは、その話をきくと、巨大な岩を軽く両手でさしあげて、「一体誰だ。わしの国に無断でやって来て、こそこそと内緒ごとを話している奴は。一つわしと力競べをしてみよ」と怒鳴って、タケミカヅチの手を取ったところ、その手はたちまち氷柱《つらら》と変わり、また剣の刃と変わってしまった。そこでタケミナカタは、驚いて引っこめたが、今度はタケミカヅチが、相手の手をつかむと、まるで若い草をつかむように、つかみひしいで投げすてた。

タケミナカタは、ほうほうの態で逃げ出したが、タケミカヅチはこれを追い、遂に信濃の諏訪湖のほとりにまで追いつめ、捕えて殺そうとした。そこで、タケミナカタは、「恐れ入りました。命ばかりはお助け下さい。わたしはこの地以外には何処《どこ》にも参りませんから、父のことばに従いましょう。この葦原の中つ国は天神の御子に献上致しましょう」と恭順を誓った。このタケミナカタは、信州の諏訪大社の祭神である。

この話はひどく勇壮な物語であるが、『古事記』にのみ見える話で、『日本書紀』には見えない。

諏訪神社の祭神は、もと竜蛇の形を持つ山の主、狩猟の神、風雨の神であって、古くからこの諏訪の地で上社の大祝《おおほうり》（最高司祭）の神《じん》氏、神長官《じんちょうかん》（次席司祭）の守矢氏、下社の大祝の金刺《かなさし》氏などによって奉戴せられていたが、六、七世紀頃から大和朝廷によって注目され、この地が東北の蝦夷《えぞ》の鎮撫のための拠点としても、重要視されるに至った頃から、武神としての内性を持つに至ったものらしい。

これに対して、勝ったタケミカヅチは、人も知るように、常陸の鹿島神宮の祭神で、中臣氏が氏神として奉じていた雷神である。この神の副将は『古事記』では鳥船神《とりふねのかみ》であるが、これは単に雷神タケミカヅチの乗物として、天上を走る鳥形の船を想定したに過ぎないが、『日本書紀』での天神の使者の副将はフツヌシノ神となっていて、これも東国の下総の香取神宮の祭神で、中臣氏の氏神であった。奈良の春日神社は、この東国の二神を奈良時代に遷し祀ったものである。

この二神が天神の命を受けて出雲の鎮定に大功を建てたという神話は、中臣氏が朝廷で勢力を持ち出した七、八世紀頃の政治状勢から生まれた神話であろうということは、歴史学者の上田正昭氏なども説いているところであるが、それではこのタケミカヅチが諏訪の神タケミナカタを打ち負かすという話は、どのような事情から生まれた神話なのであろうか。

この鹿島と諏訪の二神が格闘したという舞台は、出雲の稲佐の浜だということになっているが、出雲には古くこの二神の崇拝が行なわれたという証拠は全くないし、また中臣氏も諏訪氏も、この出雲に在住した形跡は全くないから、この舞台は多分出雲ではなかったであろう。

私はこの話は、諏訪の古い口碑伝承から出ていて、一種の相撲神事の由来話として、諏訪の大神が、先住の水の精霊を打ち負かし、服従を誓わせる話であったのであろうと思っている。水の精霊である河童が川や淵から出て来て、人に相撲をいどみ、格闘の末、腕を引き抜かれ、散々あやまって、わび証文を書いてやっと赦され、腕を返して貰い、それ以来人に害悪を加えないようになった、などという話は、全国到る所で語られている伝説である。タケミナカタがタケミカヅチに相撲をいどみ、腕を引き抜かれて、降服する話も、正にそうした「わび証文型」の古い形である。

ところがこの諏訪の神は、中央の伝承では、こんなに劣敗者として語られるが、諏訪地方の古い風土伝承では、この神は凱旋将軍のように威風堂々と遠国より入国し、その土地に先住していた守矢《もりや》の神とか、手長・足長の巨人、その他の数多くの国つ神と闘ってこれを降伏させ、自分の眷属神、家来としてしまったと語られる。手長・足長などは、一人は手が長く足が短く、他の一人は足が長く手が短い巨人で、常に諏訪湖の魚を取るために、足長が手長を負うて歩きまわったというが、諏訪の神の家来にさせられ、手長・足長明神として祀られた。宮中の清涼殿にはこの手長・足長の絵を描いた荒《あら》海《うみ》の障子がある。

河童の相撲の伝説が、古い水神の祭りに、一種の相撲神事が行なわれ、作物の豊作・凶作を占なったことの記憶であろうということは、民俗学者が、すでに論じたことであった。

『古事記』の二神格闘の話を、もとは諏訪の神が湖から出て来た手長・足長などの怪物と格闘してこれを負かし、自慢の腕を引き抜いて、二度とわるさをしないように誓わせたという形であり、諏訪の神事相撲の縁起として語られたものが、後に中央に伝えられ、中臣氏の氏神のタケミカヅチの武勇と功績の話にすりかえられてしまい、勝利者であったはずのタケミナカタは、逆に劣敗者として、諏訪の地から一歩も出ないことを誓う存在とされてしまったのである。

諏訪の神の神威が中央に注目され、一種の祭司王であった大祝一族の勢力の伸張を恐れた中央の中臣氏が、古い諏訪の氏族伝承を逆に利用して中身をすりかえ、タケミカヅチがタケミナカタを打ち負かした話としたのであろう。諏訪の大祝は、古くからその国の外に出ることは一切タブーとされていた。それは、この大祝が、いわば諏訪のクニダマの神である諏訪大神の化身《インカーネーション》であるからである。

ところで、中臣氏はこの大祝の国外不出のタブーを逆に利用し、この諏訪の神が負けて降参し、国外に出ないことを誓ったことに基づくのだと説明したのである。そして、これを出雲の国譲り神話の中に挿話《エピソード》として組み入れ、己れの氏神タケミカヅチの功績譚と仕立てあげたわけである。

しかし、タケミカヅチが天神の使者として出雲に登場することは、中央の作り話であるとしても、『日本書紀』に見える副将としてのフツヌシの登場はどうであろうか。

出雲側の伝承である『出雲国造神賀詞』や『出雲風土記』でも、タケミカヅチの名は見えないが、フツヌシ、ワカフツヌシという名は、盛んに見え、ことに『神賀詞』では、出雲の国譲りに功績を立てている。出雲側でも、認めているとすれば、これはかなり根拠のある伝承である。

フツヌシという名は、確かに中臣氏の奉ずる香取神宮の祭神の名であったが、実はそれ以外にもこの神をまつる古社は『延喜式』などを見ると、諸国にあり、しかも物部氏の祀る神であった。その最も重要な総本社というべきものは、大和の石上神宮である。

石上神宮には、神体として、『神武紀』に出て来る、天降りの霊剣フツノミタマが祀られていて、フツヌシとはその霊剣を神格化した名に他ならない。しかし、フツノミタマという名の剣は、決してこの石上や神剣だけに限った名ではなく、物部氏が、五、六世紀の頃、大和朝廷の軍事権を握り、その代官として、モノノフの軍団を率いて、各地を征討した際に、常に奉持していた鎮魂《たまふり》の霊剣の名であり、それは幾つもあったのである。彼等はある地方を鎮定するたびごとに、その地に社を建てて、この霊剣をまつり、祭神をフツヌシとした。『肥前風土記』三根郡物部郷《もののべのさと》の記事に見える、物部経津《もののべふつ》主之神《ぬしのかみ》を、物部若宮部《もののべわかみやべ》が社を建てて祀ったという記事なども、新羅遠征のために来目皇子《くめのみこ》が将軍となり、モノノフの軍団を率いて、ここに駐屯したさいのことである。

香取神宮なども、後には中臣氏の氏神となったが、古くはこの常陸に在住した物部氏の奉じていたもので、後に鹿島神宮と共に、中臣氏がこの祭祀権を奪取するに至ったものである。『日本書紀』の一書の伝えによると、フツヌシが岐神《くなどのかみ》（道祖神）を案内に、広く天下をめぐり歩いて、各地を平定していったという話があるが、これも物部の軍団による各地政略の史実の反映であろう。

出雲にも、かつて物部氏がいろいろと関与して、その鎮定にあずかったらしいことは、『日本書紀』の崇神・垂仁両朝の記事には、大和朝廷から物部氏がしばしば派遣され、交渉に当たっている記事が見えることでも判る。出雲の大神宮には、古くから祖先のヒナドリノミコトが、天から持って来たという神宝があり、崇神天皇の六十年に、物部氏の一族矢田部造《やたべのみやつこ》の武諸隅《たけもろすみ》という人物を派遣して、これを朝廷に献上させているし、また垂仁天皇の二十六年には、またまた朝廷では物部十千根大連《もののべのとちねおおむらじ》に命じて、出雲国の神宝を、いろいろと調べさせ、これを管理させている。

古代では、天皇の三種の神器に同じく、各豪族には一種の神宝、レガリヤがあり、これは単なるアクセサリーではなくして、その首長の政治的・宗教的権威の基盤でもあった。これを保持することが、その土地や人民を支配する鍵であったわけである。物部氏の持っていたフツノミタマや十種《とくさ》の天璽瑞宝《あまつしものみずたから》や、出石《いずし》族の持っていた八種《やくさ》の神宝《かんだから》などもこれであり、出雲の神宝もやはりそうしたものであった。朝廷ではこれらを取り上げて石上神宮にこれを納め、物部氏に管理させたのである。スサノヲが大蛇を退治した剣もここにあったと伝えられている。

国譲り神話で、『日本書紀』の伝えに、オホナムチが国を平定した時の広矛を、天孫に献上したという話があるが、これもそうした趣意のものである。スサノヲの草薙剣の献上も同様である。

物部氏の介入による出雲の鎮定と神宝の召し上げの本当の実年代は不明である。しかし、物部氏が朝廷で政治上・軍事上の実権を握っていたのは、五世紀の後半から六世紀の半ば頃にかけてであったから、そのころ、それに似たような史実があって、それを中核として国譲り神話ができたのであろう。フツヌシによる出雲平定は、従って根も葉もない作り話ではないのである。『出雲風土記』や正倉院文書などによると、オホナムチの崇拝と関係ある西部の出雲の出雲郡や神門郡に、物部を名乗る人物が散見しているのである。しかし、中臣氏が出雲に派遣されたという記録は、『記』『紀』においては全く見えないし、また中臣部を名乗る人物名も、出雲には全く見当たらない。鹿島神宮の分社もない。従ってタケミカヅチの登場は、全く根も葉もない作り話である。

フツヌシが、中臣氏の氏神である香取神宮の神となったという『古語拾遺』などの記事は、従来語られていた物部氏系のフツヌシを、中臣氏系のフツヌシに切り変えたものであろう。

## 三　出雲国造家の祖神

ところで、出雲の国譲りの真の功績者は、フツヌシだけであるかというと、決してそうではない。実は『記』『紀』では、二股膏薬的な人物と見なされ、何の功績も立てたとはされていないアメノホヒこそ、その第一の功績者だったのである。

『日本書紀』を見ると、この出雲に寝がえりをした変節漢が、不思議なことに、国譲りをしたオホナムチの祭祀を、これから掌る役として、天つ神から命じられている。この重大な役を授かった理由は全く不明である。

ところが『出雲国造神賀詞《いづものくにのみやつこのかむよごと》』では、アメノホヒは、その子ヒナドリと共に大変な功績を立てている。実際に出雲の状態を、ちゃんと天つ神に報告し、ヒナドリはフツヌシとともに、出雲に天降ってオホナムチを鎮め、現世から退かせ、その功によりオホナムチの祭祀を掌るようになったと記されている。『記』『紀』とは全く違う伝えであるが、全体の筋からすれば、この方がむしろすっきりする。

このアメノホヒは、人も知るように、オホナムチを祭る最高司祭出雲国造家《こくそう》の祖神とされている存在である。この家は、室町時代になって千家と北島との二家に分かれ、現在出雲大社の境内の両脇に、千家・北島の両国造館がある。

このアメノホヒは、『出雲風土記』でも出てきて、やはり出雲に天降って来た存在として語られるし、『延喜式』神名帳にも、出雲能義郡に天穂日命神社の名が記されているから、これはタケミカヅチなどと違って、出雲で古くからまつられていた霊格であることに間違いはない。この出雲の隣の因幡にも、また山城（京都）にもこの名の社があったが、その同じ出雲国造の一族が祀っていたものらしい。またその子のヒナドリも、出雲の出雲郡や、因幡、河内などにも、その同族のものによって祀られていたらしい。

この神を祖先とする出雲国造一族は、出雲大社のオホナムチの司祭氏族であったが、それよりも古く意宇郡の熊野大社（『延喜式』にいう熊野坐《くまのにます》神社）を奉じていたことは、文献にもはっきりと記されている。熊野の神は、『出雲風土記』や『出雲国造神賀詞』などによると、祭神はクシミケヌノミコトと呼ばれ、「イザナギの愛子《まなご》」と呼ばれて、出雲側ではスサノヲと同一神であると極力主張することにつとめていた神であるが、要は、前に述べたように紀伊の熊野大神ケツミコと同一系統の神であり、最初は山の神、樹木の神であり、さらに船材の神、航海の神として熊野海人によって奉じられていったが、のちやがて食《け》つ御子、すなわち穀物の神（オホゲツヒメ、ウケモチと同じ）となり、意宇平野の熊野山に鎮座する農耕の神となったのである。

この神を出雲国造が祀ったのは、何時であるかは全く不明であるが、『令義解』などの規定にも、この神を指すらしい「出雲国造の斎《いつ》く神」を天神の部に入れ、出雲大汝神《いづものおほなむちのかみ》を地の神に入れて区別しているのを見るとかなり古くからであろう。

出雲の古墳文化は、神話の主な舞台になった西部の杵築の方面ではなく、まず東部の飯梨川や意宇川の流域に発達し、ことにこの出雲国造家一族のいた大庭《おおば》附近には、山代二子塚とか岡田山古墳など、五世紀頃の大きな前方後円墳、もしくは方墳が数多くある。その附近に、出雲国造の旧館や、その斎《さい》館《かん》（物忌のための施設）であったと考えられる神魂《かもす》神社、国府跡や六所神社、国分寺などの官衙があり、出雲のかつての政治・文化の中心であったことが判る。

西部の杵築方面の古墳文化は、一般にずっと遅れ、築山古墳や大念寺古墳などのような六世紀の横穴式石室が多く、この古墳時代後期に至って初めてこの地域に大きな豪族が出たことを表わしている。出雲国造は、古くは杵築《きずき》のオホナムチより、意宇《おう》の熊野大神の方に、深い関係を持っていたらしい。出雲大社の新嘗祭（古伝新嘗祭）や、国造の相続の時の鑽火《きりび》の式すなわち神火相続の式も、熊野大社の神聖な火切り臼と杵によって火をおこし、その火によって調理した神聖な食物を取り、国造は不生不滅の体になると信じられたのである。言いかえれば、国造はもとは熊野大社の中で、そうした火継ぎの式を行ない、ウツシクニダマノ神になったのであり、国造が館《やかた》を西部の杵築に移してからも、なおその祭具だけは熊野大社との結びつきを廃することができなかったのである。

歴史学者の井上光貞氏は、国譲り神話の中核としては、五世紀と六世紀の間ごろに、出雲東部の意宇の豪族であった出雲臣《いづものおみ》一族が、西部の杵築にいた豪族を滅ぼし出雲一円を統一・支配する国造になったことの史実が根底にあったと推定している。また筆者も、この神話は、アメノホヒを祖とし、熊野大神を奉じる出雲臣族が、西部に進出して、オホナムチを祀っていた巫祝《みこ》団体やその首長たち、および群小氏族の首長たちから、オホナムチの司祭権を奪い、出雲国造として、出雲全体の一種の法王的性格の存在となったことの反映であろうと述べたことがある。この考えは今でも変えていない。恐らく物部氏なども、この時、出雲臣族にいろいろと武力的および政治的に援助し、出雲臣族をバックアップしたのであろう。

こうした時の出雲国内における群小の豪族達の動揺や葛藤などが、国譲り神話における出雲側の諸神の動揺とか、『垂仁紀』における、出雲の神宝の献上をめぐっての、フルネとイヒイリネの兄弟の争いなどに反映しているのであろう。

『古事記』によると、オホクニヌシ（オホナムチ）は、隠退に当たって、天神の御子（天皇のこと）と同じ規模の宮殿を建ててくれと要求し、そうしてくれたなら、自分は喜んでそこに隠退し、また自分の眷属神もみな皇室の守護神となろうと言ったので、出雲の海岸に大きな神殿を建ててこれを祀った。その時、クシヤタマノ神が、鵜に化けて海底に入り、庭の土で土器を作り、海藻で火切り臼と火切り杵を作って、火を鑽《き》り出し、これで祭りを行なったと記される。

出雲大社の社殿は、現在は八丈（二十四メートル）であるが、古くは十六丈（四十八メートル）あったと言われ、驚くほど高大なものであったが、『日本書紀』でも、その壮大な規模について具体的に述べている。この社殿を天皇の宮殿になぞらえるということは、『日本書紀』の垂仁朝の記事にも見え、古い言い伝えであることが判る。

恐らく、出雲国造は、大和朝廷およびその代官の物部氏に向かって、朝廷に帰順する代わりに、出雲全土を統一・支配するにふさわしい大宮殿を要求し、これにチャッカリと住んだのであろう。そして神火相続の式も、ここで行なうようにしたのであろう。これがこの神話の真相である。従って、最初の話としては、フツヌシとアメノホヒもしくはヒナドリとが、オホナムチをすすめて隠退させ、その霊をアメノホヒの子孫の国造家が、天皇の宮殿と同じ規模の神殿で、祀るようになったというのであろう。『出雲国造神賀詞』と一致する。

出雲国造は、この自家の祖先の手柄話を、何とかして中央の大和朝廷に売り込み、その宮廷神話体系の中に、己れを高く位置づけようと腐心したらしい。そうした自家の神話を朝廷に採り上げてもらい、自分の系譜を皇室の祖先の系譜の中に織りこんでもらうことは、当時の他の豪族達にとっても、最大の関心事であった。それは自分の氏族が朝廷においてどのような地位が占められるかを決定する重大な決め手になったからである。

そうした自家の祖先伝承を売りこむには幾つかの方法があった。その一つとして、自家の子女を天皇の后妃に献上し、それを通じて宮廷に知ってもらうことであるが、これはよほどの豪族でなければ不可能である。一般の地方豪族は、自家の子女を采女《うねめ》として宮廷に入内させたから、そうしたことによって、自家の伝承を、後宮を通じて売りこむこともあったにちがいない。

しかしその他に、畿内の豪族は、大嘗祭《だいじようさい》などのような天皇の大権に関する祭りに、いろいろな儀礼を分担したり、自家の持ち伝えていた神事芸能などを奉納したりして、その由来話として、自家の祖神が皇祖神アマテラスや皇孫ホノニニギ、その子孫の神武天皇などに仕え、忠誠を尽くしてきたという物語を語り出してくる場合もある。大嘗祭に、中臣氏が天神寿詞《あまつかみのよごと》を奏上し、忌部氏が神霊を捧げ、物部氏が楯を立て、大伴氏が久米部の武人を率いて久米舞を演じ、阿倍氏が吉士《きし》舞を演じるというような形である。それらの本来の意味は皇室と関係のない氏族伝承であったであろうが、宮廷儀礼の一部となってから、天皇に対する服従と忠誠の由来を述べる話となってしまった。

天孫降臨の神話は、後にも述べるように、天皇の行なう宮廷の新嘗祭である大嘗祭の由来話である。その話の原初的な形としては、ホノニニギだけが独り天降ってくるという形であったが、この祭りがだんだんと大がかりになり、いろいろの豪族が諸役を分担するようになると、皇孫にしたがっていろいろな氏族の神々が一緒に天降って来たというような話になる。

この他に、『日本書紀』持統五年に、大三輪、雀部《ささきべ》、石上《いそのかみ》以下十八氏が、歴史の編纂に資するためと思われるが、自家の氏族の纂記《つぎぶみ》（氏族の伝承的歴史記録）を提出させられていることとか、それより先、天武十年に、上毛野《かみつけの》、忌部、阿曇、難波、中臣、平群《へぐり》などの諸氏が、国史編纂を命じられていることなど、直接に歴史編纂事業に関与したことによって、得をしたという豪族も少なくなかったらしい。

しかし、こうしたあらゆる機会は、出雲国造家には与えられなかったようである。大嘗祭などの宮廷祭祀に、出雲国造が参加することは、全くなかったのであるし、また歴史編纂にも関与しなかった。もちろん后妃の入内などは遠隔のため望むべくもなかった。

万事後手にまわった国造家で、自家の神話の売りこみの方法として考え出したのが、出雲国造《くにのみやつこ》神賀詞《かむよごと》の奏上式であったのだろうと、私は考えている。この儀式は、国造が死んで新しい国造が就任したとき、前後二度にわたり上京して、白玉、赤玉、青玉、横刀、白馬、白鳥、鏡などの莫大な神宝の献上とともに、天皇の御前で、ヨゴトを奏上する式である。

このヨゴトは、これらの神宝が、天皇の寿命の長久と若返りとを保証する機能を持つものであることを述べていると同時に、出雲国造の祖神のアメノホヒが、如何にしてオホナムチをなだめ祀り、これに国譲りをさせ、逆にオホモノヌシやコトシロヌシなどの眷属神をして、皇室のまたとない守り神とならせるに至ったかを、神話的に述べている。

この儀式は、この出雲国造以外のどの氏族も行なっていたという証拠は全くない。かつて日本全国のあらゆる地方の国造達が行なっていた習慣が、後に出雲国造だけに残ったのだという説が、かつてあったが、百数十人の同族をひきつれ、前後二回にわたりおびただしい高価な献上物をもって、上京するような、江戸時代の参勤交替にも比すべき中央統制、出血的奉仕の要求が、大化前代に全国的に行なわれていたとはとうてい考えられない。

国史に初めてその記録が見えるのは、奈良時代の霊亀二年（七一六）に、出雲臣果安が、奏上したという記事である。これは『古事記』成立の四年後、『日本書紀』成立の四年前に当たっている。この記事によると、天皇はこれに直接立ち会わず、神祇官の役人がこれを取り継いだだけで、次の国造の出雲臣弟山の時から天皇が直接これを受けている。

こんなことから、近年、倉野憲司、鳥越憲三郎などの諸学者は、この儀式の実際の開始も、霊亀二年であって、最初は国造が自発的に始めたものであり、朝廷側も私的行事としてしか評価しなかったが、その次からは恒例化し、天皇もこれを直接にきくというようになったのだろうと推定しているが、実際は、それより古い行事であったらしい。その儀式に含まれる白鳥の献上などの要素が『垂仁紀』に見える、オシの皇子ホムチワケに、白鳥を捕えて献上したところ、オシがなおったという、古い物語などとも関係していると考えられ、『古事記』以後に、急につくり上げたにわか仕立てのものとは考えられないのである。

しかし、私は、それよりやや古く溯るが、『記』『紀』の編纂時代、多分天武・持統朝頃に開始し、それも出雲国造一族が、バスに乗り遅れたための苦肉の策として、考え出した私的行事で、この出血的サービスとともに、この出雲国平定の功績譚を、強引に売りこんだのだろうと思っている。もちろん、この話は、もともと出雲大社の鎮座縁起《ちんざえんぎ》であり、その祭神オホナムチとアメノホヒの子孫の国造家が祭るようになったという由来を語る祭儀神話であったが、これを朝廷に売りこんでからは、宮廷の司祭家である中臣氏などが、これを自家に都合のよいような形の政治神話にゆがめ、その話の中に、自家の氏神のタケミカヅチを強引に割りこませ、その功績を特別に言い立てるとともに、せっかくこの話を持ちこんで来た出雲臣族の祖先のホヒを、とんでもない裏切者、二股膏薬的な人物に仕立てあげたのである。

しかし、出雲の国譲り神話は、本来、前に述べたように、六世紀頃物部氏のバックアップによって出雲臣族が西部平野に進出し、杵築の大神オホナムチの祭祀権を得たという史実を中核とした出雲大社の鎮座縁起で、その範囲も出雲一国内に留まっていた話であるが、このように新しく再編成され、天孫降臨の序幕として持って来られ、東国の鹿島・香取の神などまでが飛び出して来るようになると、文字通り全国的なスケールで語られるようになる。摂津のアメワカヒコの話、鴨のコトシロヌシの話、諏訪のタケミナカタの話など、みな出雲に関係ない神々の話であり、舞台もみな違った話であったが、これらがみなつなぎ合わされて、壮大な「日本国土の国譲り」の神話となったのである。

このような「神話の拡大化」が、出雲の人達によってなされたのではなく、七、八世紀の頃の中臣・藤原氏を中心とした朝廷貴族達によって形づくられたものであることは、言わずして明らかであろう。

そうして出雲神話がこうした形で採り上げられた陰の理由としては、オホナムチ、スクナヒコナなどの出雲の神の信仰が当時一種の新興宗教として、燎原《りょうげん》の火のように、民衆の間に畿内、東国にまでも拡がりつつあったという現実に対する、朝廷側の警戒心がそうさせたのである。

# 日向神話の世界

## 一　天孫降臨

タケミカヅチは高天原に帰り、葦原《あしはら》中つ国の平定が完了したことを報告した。そこでアマテラスと高木大神《たかぎのおほかみ》（タカミムスビ）の二神は、アメノオシホミミに神勅を下し、降臨を命じた。オシホミミは降りようと準備していた間に、タカミムスビの娘のヨロヅハタトヨアキツヒメ（一名タクハタチヂヒメ）との間に、御子アメニギシクニニギシアマツヒダカヒコホノニニギノミコト（略称ホノニニギ）が生まれた。そこでこの新生の御子ホノニニギが天降りすることになった。

ここで『日本書紀』の一書の伝えでは、有名な天壌《てんじよう》無窮《むきゆう》の神勅が下されることになる。すなわち、アマテラスはこの御子《みこ》に、前の天の石屋戸《いわやど》隠れのとき、祭祀に用いた八坂瓊曲玉《やさかにのまがたま》および八咫鏡《やたのかがみ》、およびスサノヲの献上した草薙剣《くさなぎのつるぎ》の三種の神器を授け、また中臣の祖先のアメノコヤネ、忌部《いむべ》の祖先のフトダマ、猿女の祖先のアメノウズメ、鏡作《かがみつくり》の祖先イシコリドメ、玉作《たまつくり》の祖先タマノヤの、いわゆる五部神《いつとものべのかみ》を従えさせ、「豊葦原の千五百秋《ちいほあき》の瑞穂《みずほ》の国は、これ吾《あ》の子孫《うみのこ》に王《きみ》たるべき地《くに》なり。宜しく爾皇孫就《いましすめみまゆ》きて治《し》らせ。行《さき》ませ。宝祚《あまつひつぎ》の隆《さか》えまさむこと、当《まさ》に天壌《あめつち》と窮《きわま》り無《な》かるべし」（この日本の国は自分の子孫が王者たるべき国であるから、汝子孫よ、そこに行って治めよ。皇位が栄えることは、天地が無窮なのと同じく永久であるように）と勅した。この五部神（五伴緒《いつとものお》）は、天の石屋戸神話でも登場して祭りを行なっている。かくてホノニニギが天降ろうとすると、天《あめ》の八衢《やちまた》において、上は高天原、下は中つ国まで照らし、光り輝く神が待ち受けていた。鼻の長さは長大で、また身の丈も大きく、顔も尻も赤く輝き、眼は八咫鏡《やたのかがみ》のようであり、また赤いホウズキに似ていた。

アマテラスとタカミムスビは驚き、アメノウズメに命じてこれを詰問させた。勇敢なこの女神は、『日本書紀』の一書の伝えでは、かの天の石屋戸の前で演じたと同じように、「胸乳《むなち》をかき出で、裳帯《もひも》を臍下《ほと》に押し垂《た》れ」、というような裸体に近い姿になり、艶然と笑ってこの前に立った。ウズメの問いに答えて、この異様な神は、「私は国つ神で、名はサルダヒコノ大神といい、アマテラス大神の御子のお迎えに参上したのです」と言上した。そこで、これに道案内をさせることになった。

三種の神器の中、特に神鏡は、アマテラスが「この鏡を見ること、当《まさ》に吾れを見るがごとく、ともに床《ゆか》を同じくし、殿《みあらか》を共にして、もって聖なる鏡とせよ」という神勅を授け、これは初めは天皇が同じ宮殿の中でこれをまつっていたが『日本書紀』によると、第十代の崇神天皇から同じ御殿では恐れ多いといって、宮廷外に遷し、次の垂仁天皇の御代に、伊勢に神宮を建てて、そこにまつることになった。また『古事記』によると、従神は五部神ばかりでなく、トコヨノオモヒカネ、伊勢外宮の神トヨウケ、またアメノイハトワケ、タヂカラヲなどもおり、また大伴連《おおとものむらじ》の祖先のアメノオシヒ、久米直《くめのあたえ》の祖先のアマツクメの二人が頭椎《くぶつつい》の太刀を帯び、弓矢を手挟《たばさ》んで、行列の先頭に立ったと記されている。

かくてホノニニギは天《あめ》の磐座《いわくら》を離れ、天《あめ》の八重《やえ》たな雲《ぐも》を押し分けて、筑紫の日向《ひむか》の高千穂《たかちほ》のクシフル峰《たけ》に天降《あまくだ》ったのである。

なお、アメノウズメは、サルダヒコを伊勢の狭長田五十鈴川《さながたいすずがわ》までおくり届け、サルダヒコの名を取って姓氏《かばね》としたので、その子孫をみな猿女君《さるめのきみ》といい、男女共にそう呼ばれるようになった。またサルダヒコは、ある時、伊勢のアザカという地の海岸で漁をしていた時、ヒラブ貝に手をはさまれて海に溺れた。そこで水底に沈んだ時の名をソコドクミタマ、海水がツブツブと音を立てた時の名をツブタツミタマ、泡立った時の名をアワサクミタマと呼び、祭られている。

サルダヒコを送った後、ウズメは沢山の魚を集めて、「お前たちは天《あま》つ神の御子に忠誠を誓うか」と訊ねたが、大勢の魚たちはみな誓ったのに、ナマコだけが黙って答えなかったので、女神は怒って「お前の口は一言《ひとこと》も答えられないのかい」と言い、紐小刀《ひもがたな》でその口を裂いた。そこでナマコの口は今でも裂けているという。これは『古事記』に見えるエピソードである。

この天孫降臨の物語は、比較神話学などの立場から考えれば、アジア大陸系の「山上降臨型」の王朝始祖神話に属するといわれる。古朝鮮の王朝の創設者としての神人が、高山の山頂、もしくはその上の高い神木の上に降下する話は、数多く語られている。『三国遺事』に見える、桓国の大王桓雄《かんゆう》が、三千人の従者を率い、天符印《てんぷいん》三個を帯び、太伯山の山頂の檀《だん》という樹の上に天降り、王位について檀君と号したという話や、また伽羅国《から》（日本でいう任那《みまな》）の始祖首露《しゅろ》王以下六人の神人が、黄金の卵の形で、紅い布で包んだ箱に入れられたまま、天から亀旨峰《クシムル》に天降ったという話など、みなそのタイプに属する。これらはもともと天神が山上の神木を招《お》ぎ代《しろ》として降下するという北方アジア系の信仰の所産であろうということは、多くの学者の論じたところであった。

日本の始祖伝承でも、皇室の祖先ばかりでなく、物部氏の祖先ニギハヤヒなども、『日本書紀』によると、磐船に乗って河内のイカルガノ峰《たけ》に天降っているし、『旧事本紀』では、大勢の群神を従え、また船長、梶取《かじとり》、船子なども同乗させ、威風堂々と天降っている。

また天孫降臨には五部神が従属して来たが、ニギハヤヒの天降りにも、五部および二十五部の天《あま》つ物部《もののべ》が兵仗《へいじょう》を帯びて護衛している。このような五部という思想は、古朝鮮の高句麗や百済に五部制が行なわれたことと無縁ではないことも、岡正雄氏などが説いたところである。

天孫降臨の舞台であったクシフル峰も、現実の何処の山なのかは不明であり、その決定については種々の論議が行なわれたが、要は大陸系の名で首露王の亀旨峰《クシムル》の名と同系の語と考えられる。また『書紀』の一書では、その山の名は、「日向《ひむかの》襲之《その》高千穂《たかちほの》添《そほりの》山峰《やまのたけ》」と記されているが、このソホリという語も、朝鮮語の徐伐《ソフル》、所夫里《ソフリ》、ソフル、ソウルなどという、「都」を表わす語と関係があることが指摘されている。

このように見ると、天孫降臨の神話が、こうした北方系の信仰文化と関係あることは、まず間違いはあるまい。

岡正雄氏は、大和朝廷の貴族達は、朝鮮半島を経由して、日本列島に侵入したツングース系の騎馬民族であるとする、江上波夫氏の、いわゆる「騎馬民族説」と呼応して、彼等が五部組織や、職業団や、天神タカミムスビの信仰を持つ、父系的な種族であると述べ、三、四世紀の頃南下して日本に渡り、東南アジア系の稲作民であった母系的な先住種族を征服・支配するに至ったもので、天孫降臨の神話は、彼等が大陸から持ちこんだものであろうと述べたし、またこのような王権的な神話に、必ずアマテラスだけでなく、アマテラスとタカミムスビの二神がならんで命令を下しているという、「二元性」の問題も、タカミムスビを奉じる天皇族と、アマテラスをまつる先住農耕民との融合の結果の産物であると唱えたのである。

しかし、この神話の中で、そうした大陸的色彩を帯びた部分は、本質的な要素というより、むしろ実は後世の説話的発達の産物である。『日本書紀』の本文の伝えなどに記されている、もっと素朴な物語では、皇孫は五部神も伴わず、神器も持たず、ただひとり生まれたばかりの幼神の姿で、真床追《まどこおう》衾《ふすま》という一種のシトネに包まれて、ひっそりと天降るのである。しかも実はこの説話には、アマテラスは登場せず、タカミムスビだけが命令を下すのである。アマテラスや神器、神勅、五部神などの登場は、『古事記』や、『日本書紀』の一書の一、二にある複雑化した話にだけ記されている。五部神は、説話の上ではタカミムスビとは関係はなく、むしろアマテラスにこそ関係があるのである。アマテラスが登場する説話には必ず五部神が出る。

ホノニニギとは、本居宣長の説いたように、稲の穂が赤く実ることから出たもので、その父君のオシホミミの名も、同様に稲穂の大きなさまを表わしている。オシホミミは、『日本書紀』の一書の伝えによると、アマテラスから斎庭《ゆにわ》の稲穂を授けられている。斎庭とは、大嘗祭の斎場のことであった。その時の神勅は、「自分が高天原の新嘗の祭りで、食べる稲の穂を、わが御子にも上げよ」というのであり、これによって天皇の新嘗祭、すなわち大嘗祭が始まったことが語られている。

またホノニニギのかぶるマドコオフフスマとは、祭りの物忌《ものい》みのためにかぶるもので、大嘗祭《だいじようさい》や新嘗祭《にいなめさい》、神今食《じんこんじき》などの重大な祭りの時、神座に敷かれる御衾《おふすま》がこれに当たるのであり、天子がこれをかぶって復活または再誕を行なうための祭具であると、折口信夫氏は考えたが、恐らくそれは正しい。私はその中にこもることは一種の神の死と復活または再誕でもあり、また神の冬における冬眠とそれからの目覚めを、儀礼的に表わしたのではないかと考えている。古代には新嘗祭には、天皇ばかりでなく、民間でもそうした「衾《ふすま》にこもる儀礼」があったことは、アメワカヒコの神話にも表われている。

この物語は要するに、原初的には、毎年稲の初穂を、祖神に供える新嘗祭、さらにこれが発展して宮廷の天皇の祭りとなった大嘗祭、さらにこの最高度に国家的祭典化した、御世はじめの践祚《せんそ》大嘗《だいじよう》祭《さい》（後にはこれが単に大嘗祭と呼ばれるようになる）の縁起譚なのである。

稲穂を手にして天降る御子《みこ》の姿は、もともと若々しい穀物の霊を神話化した形である。高千穂という名称も、固有名詞というよりは大嘗・新嘗祭の斎田における稲穂が高く千々に栄えているさまを表わす語なのであろう。アメニギシクニニギシというホノニニギの尊称も、「天地ににぎにぎしく豊かに」稲穂が栄えるという意味に他ならない。高千穂に降る若い天つ御子の姿は、若々しい穀霊が斎田の稲穂の上に降下することである。

日向《ひむか》という名称も、古くは単に南九州の国には限らず、方々にそうした地名があった。恐らく、もともと朝日・夕日の照らす陽光の地を表わす一般的名称であったのであろう。

わが古代人は、そうした陽光の地を、太陽神を迎えまつる儀礼の場としてふさわしいと考え、それを「日向《ひむか》」と呼び、朝日・夕日を讃える歌を歌った。伊勢神宮の地も、『皇太神宮儀式帳』などに、「朝日の来向《きむか》ふ国、夕日の来向ふ国……」と歌われている。京都の洛東蹴上《けあげ》大神宮なども古く蹴上日向神社と呼ばれ、社伝によると朝日・夕日の照る泉の湧く地に営まれたという。『万葉集』の挽歌などに、こうした朝日・夕日の歌が盛んに見え、その照らす地に墓《おくつき》を定めることが歌われるのは、福岡県の日の岡古墳や珍敷塚古墳、福島県の清戸迫《きよどさく》古墳などの装飾古墳の壁画に、太陽を表わすらしい同心円が画かれていることなどとも対応し、太陽が死霊の導き手になるという、世界的な信仰とも関係がある。

古代の新嘗の初穂を抜く斎田（神聖な田）も、そうした朝日・夕日の照らす肥えた地が選ばれ、日《ひ》向《むか》と名づけられたのであろう。その日向の高千穂が、やがて現実の九州のどこかの山の名であると考えられるようになると、そうした地方の人達が、われ勝ちに自分の郷土にこれを引きつけて説明し、神話の本家争いをするようになる。

この高千穂《たかちほ》の候補地の主なものは、古来二つあった。一つは宮崎県臼杵《うすき》の高千穂であり、もう一つは鹿児島県と宮崎県の境にある霧島火山群の高千穂の峰のことである。南九州の日向という国も、古くは範囲が広く、後の日向・大隅・薩摩、すなわち宮崎県と鹿児島県を含んだものであったから、そのどちらであるかは決定し難いわけである。二者は古くから対立し、はげしく争って来たが、特に明治以後は一時政治問題にもなったほどである。しかし、神話伝説の候補地は、小野小町や和泉式部、弘法大師のゆかりの地が幾つもあるように、一般に数多くあっても仕方のないものなのである。

古代の大嘗・新嘗祭は、稲の祭りであるが、冬の旧十一月の頃であり、冬至の頃に当たっていた。一種の冬至の太陽祭儀である鎮魂祭の翌日に行なわれ、この鎮魂祭とあたかも一続きの祭りのような形になっていた。鎮魂祭が日神の死と魂の呼び返しのための祭りであるとすれば、翌日の大嘗・新嘗祭は、新しい日の御子の誕生の祭りである。言いかえれば、古い太陽が死に新しい太陽が誕生する祭りである。

古代のオリエントやヨーロッパにも、そうした冬至祭があり、古い太陽が死に新しい日の御子が生まれる日であった。その日の御子は、往々にして穀物の穂によって象徴された。日本のホノニニギやオシホミミも、穀物の穂を表わす名であると同時に、日の御子でもある。穀物は太陽の恩恵のもとに育成されるという観想から出ている信仰なのであろう。

国文学者の倉野憲司氏は、天の石屋戸神話と天孫降臨の神話とは、もともと一続きの神話であり、両者に同じ神名が現われ、一方に「磐戸《いはと》を閉ざして」日の神がこもりましたことを説き、他方に「磐戸を開きて」日の御子が降りましたことを説いているなど、相関関係を偲ばせる個所が多いことにより、その話の原型としては、「アマテラスが傷ついて死に、岩隠れするが、ウズメなどがいろいろと鎮魂《たまふり》をしたので、新生の日の御子として復活し、天降った」という形であったろうと推定している。この両者の間に、出雲神話が割り込んで来たので、現在のような分離した形になったのであるというのである。うなずける面が多い。

日向という名は、そうした太陽祭儀の聖なる場を表わす普通名詞であったろうが、しかし、日向という地が、他にもあるのに、わざわざ遠い南九州の日向国が選ばれて、皇孫の天降りの地とされたのには、必ず理由があるはずである。

ホノニニギは、降臨してから宮殿にふさわしい所を求めて、笠沙《かささ》の岬に到り、「この地は朝日のただ さす国、夕日の日照る国なり。故《かれ》この地ぞいと吉《よ》き地」といい、宮殿を建てて住んだと伝えられる。また『日本書紀』の景行紀には、景行天皇が日向国の子湯県《こゆのあがた》に行幸され、国見をされて、「この国はただに日の出る方《かた》に向けり」と言われたので、その国を日向というと記される。これらの物語を見ても、日向は特に海に面し、朝日・夕日の照らす南国とされ、大和から見て、神秘な地のように考えられたらしいことが判る。

またこの日向国を舞台として、これから続く日向三代の物語は始まるのであるが、これらの中には、単なる中央のデッチ上げとは考えられない、南九州の風土伝承を素材とした物語が少なくない。これは天孫降臨の場合でも同様である。

『釈日本紀』に引用している『日向風土記』逸文には、臼杵郡知鋪郷《ちほのさと》のこととして、ホノニニギが、日向の高千穂の二上峰《ふたがみのたけ》に天降ったとき、世は闇黒で昼夜の別なく、物のあやめも判らぬほどであったが、たまたまオホクハ・ヲクハという二人の土蜘蛛（土蛮）がいて、皇孫に「稲の穂を千本抜き、籾《もみ》にして四方に投げ散らすとよろしうございます」と申しあげた。そこでミコトがその通りにして見ると、やがて雲が晴れ、天地が明るくなったと語られている。

稲籾《いなもみ》を撒《ま》き散らすミコトの姿は、神聖な稲穂を手にして、天降るオシホミミの姿と同じく、新嘗にまつられる稲米《いなごめ》の霊としての内性がよく表われていて、また天地がこれにより明るくなったというのは、日の御子としての特性が表われているが、それにしても、この記事は、どうやら古代の日向地方で、ホノニニギのこうした口碑が、風土伝承として語られていたらしいことを示している。

日向地方には、有名な古墳群をはじめ幾多の古代遺跡が発見されている。またこの神話の舞台であった日・隅・薩の地方には、ホノニニギの日向可愛山陵《えのやまのみささぎ》をはじめ、三代の神陵も『日本書紀』に記され、古代に実際に南九州で崇敬されていたらしいことが判る。これらが実際にそうした皇子達の墓であったかどうかは別として。後に述べるように、この地方には古く隼人族という勇猛な種族が住んでいた。

恐らく古くこの地に隼人の有力な豪族がいて、皇室と結びつき、その伝える地方的な霊格と、皇室の祖先の御子の一人とが同一視され、宮廷の神話体系の中に組みこまれたのかも知れない。

しかしながら、大嘗祭やその縁起譚としての天孫降臨神話の中に、アマテラスの信仰が最初からあったかどうかというと、はなはだ疑問なのである。天皇を日の御子とする思想は、確かにかなり古くからあったと思われ、『記』『紀』に見える応神・仁徳朝の歌と伝えられる歌謡の中にも窺われるが、だからと言って、これがアマテラスの御子だという論理には必ずしもならないのである。というのは、前にも述べたように、古くはアマテルミタマとかアマテル神とかアメノヒミタマとか、いろいろな名の太陽神が各地で崇拝せられていて、伊勢のアマテラスのみが太陽神ではなかったからである。

天孫降臨神話のいろいろな異伝の中で、最も素朴な形を示している『日本書紀』の本文の伝えは、アマテラスは登場せず、タカミムスビだけが孫のホノニニギを降すのである。

大嘗・新嘗祭は、天皇が新しく取れた稲の穂から造った神酒《しんしゅ》と神饌《しんせん》を悠紀《ゆき》殿・主基《すき》殿という臨時に造られた神殿で神に供え、自分も食される祭りであったと考えられるが、その祭る神は本来何であったかは、さっぱりはっきりしていない。

しかし、平安時代の『貞観儀式』や『延喜式』を見ると、その祭りの準備室ともいうべき、斎場に、八神殿という仮殿《かりでん》が建てられていて、そこに祭られた神々が本来の大嘗・新嘗の神であったらしい。斎場の中の建物は、みな黒木（削らない木）の柱に草葺《かやぶ》き、壁蔀《かべしとみ》もみな草でできていた、素朴で原始的な仮宮であるが、その中の八神殿も、やはりそうで、その一つ一つの仮宮に、竹の棚があり、その上に榊を立てていたものらしい。

斎場といっても二種類あり、一つは抜穂《ぬいぼ》、すなわち神聖な稲穂をつみ取る稲田（卜定田《うらえだ》）のかたわらにあり、もう一つは都にあって、これらの稲穂で神酒や神饌を作る準備室であったが、八神殿はそのいずれにもあった。その祭神はタカミムスビ、ミドシ、ニハタカツヒ、オホミケ、オホミヤノメ、コトシロヌシ、アスハ、ハヒキの八神であるが、要は生産の神タカミムスビと、神饌の神、稲米の神であるミケの神の二者が主要な存在で、他は庭燎《にわび》の神や巫女《みこ》の神、宅地の神などの祭場舗設の神ばかりである。アマテラスはいない。

宮廷の神祇官にも、これと違った八神殿があり、これは常設であるが、タカミムスビ、カミムスビ、イクムスビ、タルムスビ、タマツメムスビ、オホミヤノメ、オホミケツカミ、コトシロヌシの八神が祭られている。これも神体は榊であったらしい。

私はこの二者が共通の神名が多いことから前者が後者の原型《プロトタイプ》であり、後者は前者を常設化したものであると考え、その最も古い形としては、タカミムスビとミケの神の二神が、稲田のそばの粗末な仮宮に、祭られていたのであろうと考えている。

タカミムスビ、タカギノ神とは、要するに、稲田のそばに神木の枝をさして祭られる田の神なのであった。古代の氏族も、『新撰姓氏録』を見ると、タカミムスビを祖先とする氏族が多いが、これらはみな恐らく古くは生産の神として祭っていたのであろう。皇室もその一つである。

宮廷の古い新嘗祭では、このようにタカミムスビが主神であるが、伊勢のアマテラスの崇拝が宮廷に取り入れられてから、室町時代の一条兼良《かねよし》の『御代始鈔《みよはじめしょう》』などに、悠紀《ゆき》・主基《すき》二殿の祭神は天照大神だとしているように、アマテラスが主神とされた。しかし、それもせいぜい院政時代頃からのことである。

古くはっきりとアマテラスを祭っていた場所は、三種の神器の一つで、アマテラスが「われを見るがごとく斎《いつ》きまつれ」といった、いわばアマテラスのシンボルである八咫鏡《やたのかがみ》をご神体とした伊勢内宮と、『古語拾遺』に、それを崇神・垂仁朝に伊勢に遷してから、後で宮中でもう一度作り直した神鏡を、平安になってから納め、まつった宮中内侍所《ないしどころ》（賢所）との二つである。

この内侍所は、温明殿《うんめいでん》に設けられ、内侍がこれに奉仕し、毎月の初めの日に例供《れいく》という儀典を行なったり、毎日朝夕に天皇が清涼殿の石灰の壇からこの方に向かって御拝《ぎょはい》があったり、十二月の吉日に、近衛の官人に神楽を奉仕させたりするような、種々の祭りが行なわれ、この神鏡は「伊勢の御神」と呼ばれて崇敬されたが、そうした内侍所のアマテラス祭祀も、せいぜい平安の中期以後からであって、それより古くは行なわれなかった。

伊勢の神鏡が古くは宮中で天皇がまつっていたのを、後世伊勢に移したという『書紀』や『古語拾遺』の伝説は、歴史的事実とは言えない。伊勢のアマテラスは、伊勢地方土着の古い太陽神で、はじめは皇室とは何も関係がなかったらしい。大和朝廷で、四、五世紀の頃からようやくおこってきた「日の御子による国土統治」の思想を、もっと具体化するため、従来の皇室の氏神であったタカミムスビに代わり、この伊勢の日神を、皇室の祖神にしたて上げ、皇女を代々送って斎宮として奉仕させた。宮中にもともとあった天皇のレガリヤとしての鏡と伊勢の神体とを同体のものと見なして、宮中から伊勢に遷したという倭比売《やまとひめ》の遷幸《せんこう》伝説などが発生したのは、早くも六、七世紀以前には溯れないであろう。

天孫降臨神話の中核は、古い宮廷の新嘗祭であることは前に述べたが、その最も素朴な形として、生産の神タカミムスビがその御子の稲の神ホノニニギを、地上に派遣し、そのため新嘗の祭りが始まったという単純な筋であったに相違なく、『書紀』の本文はその形である。『出雲国造神賀詞』などにも、カムロギ・カムロミと呼ばれたタカミムスビとカミムスビとが、皇孫のホノニニギを地上に天降りさせるとなっていて、アマテラスは出て来ない。

アマテラスや、五部の神、三種の神器が登場する『古事記』などの説話は、多分伊勢神宮の神とその従属神の伝承が、宮中に祖神伝承として割りこませられた結果であって、恐らくそれは六、七世紀の頃であろう。アマテラスとタカミムスビの二元性は、決して、岡氏などが説くような、先住農耕民の太陽女神と、侵入支配族の天神との習合の産物ではなく、伊勢の地方神と大和朝廷との政治的交渉の産物なのである。

天孫降臨の伴をした多くの神々の中には、はっきりと伊勢の神だと考えられるものも少なくない。アマテラスの神鏡とこれに従う常世思兼神《とこよのおもひかねのかみ》とは、『古事記』によると、「この二柱の神はさくくしろ五十鈴《いすず》の宮に拝《いつ》き祭る」と記され、明らかに神宮との関係を表わしている。

続いて降臨する登由宇気神《とようけのかみ》は、「外宮の度相《わたらい》に坐《いま》す神なり」と記され、はっきりと外宮の神である。天手力男《あめのたちからを》は、「佐那県《さながた》に坐《ま》す」と記され、これも伊勢地方の佐那県の霊格である。

天鈿女《あめのうずめ》（天宇受売）も、もと伊勢・志摩方面の海人磯部《あまいそべ》達の奉じる女神であった。彼女が魚類を集め、皇孫に対する服従を誓わせた話や、その子孫の猿女君《さるめのきみ》が、志摩の海女達の献上する速贄《はやにえ》（生《なま》のまで直ぐ届ける供物）に関与するという風習が、『古事記』に記されていることも、その伊勢出身であることを示している。またこのウズメと天《あめ》の八衢《やちまた》に出逢った異形の神、サルダヒコも、前に述べたように伊勢地方の太陽神格であった。

この神の名を取って猿女君の名が始まったといい、またウズメがこの神を伊勢の狭長田五十鈴《さながたいすず》川の川上まで送ったといい、また伊勢の阿邪訶《あざか》の海岸で、貝に手を挟まれて溺死する話など、みなこの神が、猿女君の奉じる伊勢の地方神であったことを示している。

日向の山に降臨した皇孫を出迎えた神が、こんなに遠くの伊勢の海岸まで、わざわざ出かけて行くのも、妙な話である。しかしこのことは、本来日向の山に降臨する皇孫の物語に、これと全く別系の、伊勢に日の御子が降臨する話（これはたぶん伊勢土着の物語）が加わり、重なり合って複合的な物語となったのが、現在の形であるとすれば、解決は容易になる。

私は伊勢に古くから伝わっていた天降りの日の御子、稲穂の神とは、『記』『紀』の中で、天照大神の御子と伝えられ、ホノニニギノ父であると伝えられたオシホミミであろうと思っている。オシホミミは、『延喜神名式』を見ると、豊前田川郡や土佐香美郡に、これを名とする社があり、また『山城風土記』逸文によると、山城宇治の式内木幡神社の祭神もこの神であったので、多少民間にも知られた稲穂の神であったのであろう。

伊勢には、その社はなかったが、外宮の側の神饌に用いる神聖な御井を、忍穂井《おしほい》というのは、かつてその崇拝があった痕跡のように見える。また『皇太神宮儀式帳』などには、このミコトの妃のタチハタチヂヒメは内宮の相殿の神とされている。

説話的にながめると、オシホミミと天照大神とは常に結合している。これはホノニニギノが常にタカミムスビと結びついているのと、すこぶる対照的である。『書紀』を見ると、アマテラスがオシホミミに鏡を授け、また斎庭《ゆにわ》の穂を授け、神勅を下している。このオシホミミとアマテラスとの関係は、伊勢本来の伝承にあったのかも知れない。

天孫降臨神話で、天照大神が最初に遣わそうとしたのは太子のオシホミミであったが、その御子のホノニニギが生まれたので、これをやめて、ホノニニギに行かせるという話は、どう見ても、無理な筋立てである。

成人したオシホミミを降らせないで、生まれたばかりのホノニニギを、ふとんに包んで大急ぎで降すという理由は、少しも明らかでない。『書紀』の一書によると、オシホミミは中つ国へ降る途中、天の浮橋から下界を臨み、ここからわざわざ引き返している。

これは、タカミムスビとホノニニギ、アマテラスとオシホミミという、二種の異なる降臨神話が、組み合わされて、このような無理な筋立てをもった形にしたことによるものらしい。倉野憲司、三品彰英などの諸氏は、前に述べたように、『古事記』に見える天石屋戸神話と、天孫降臨神話とが、かつて一続きの神話であった、という説を唱えているが、これは確かにうなずける点が多い。

天の石屋戸に出て来る五部神は、そのまま天孫降臨にも出て来るし、その他、石屋戸では活躍した常世思兼や手力男も、降臨には役に立たないはずであるが、そのまま出て来る。天孫降臨には絶対に必要な三種の神器も、天の石屋戸には鏡と曲玉の二種のほかに、かつて剣を加えて三種あったことは、前に述べた通りである。

しかし、このようなつながりを示しているのは、『古事記』と『書紀』の一書の二の伝えだけであり、『書紀』の本文などの素朴な天孫降臨譚は、天の石屋戸神話には、少しもつながらない。天の石屋戸神話は、本来伊勢に伝わっていた自然神話であるから、天孫降臨の構成要素の一つである伊勢関係の伝承と、この神話とが、一つづきであったのであろう。

猿田彦が伊勢地方の原始的な太陽神であったらしいことは述べたが、また同時に『日本書紀』に、衢《ちまたのかみ》神と呼ばれているように、一種の道祖神的な存在でもあったのであろう。

猿女君は恐らく猿田彦大神に仕える巫女を出す家柄であったらしい。この一族は宮廷にもその子女を差し出して、縫殿寮などに奉仕させ、鎮魂祭や大嘗祭などに歌舞をさせた。『古事記』の編纂にあずかった稗田阿礼《ひえだのあれ》は、この一族であるといわれている。

猿田彦の面前で演じた鈿女命の狂態は、恐らく猿女の巫女達の行なっていた一種の性的な神事であり、二人の出会いは、一種の原始的な神楽から出ている話であろう。後世の諸国の古社の田遊び神事、春田打、田植祭、田楽などの行事に、この猿田彦と鈿女命との出逢いに淵源するといい、天狗と阿亀《おかめ》などの滑稽なからみ合いの所作が、しばしば演じられるが、この物語自身も、かつてそれに似た儀礼に結びついた神話であったのであろう。

猿田彦の長い鼻は、後世の道祖神が、やはりしばしば巨大なリンガ状の突起物を付けているのと同じく、一種の性神としての特徴を表わしたものであろう。後世でも、この神は、道祖神・塞《さい》の神・

岐神《ふなどのかみ》、金勢《こんせい》大明神などの名とされ、また庚申や山王などの猿神の信仰と結びついて、安産や豊年、縁結びや性病治療など、種々の俗信を伴なっている。

猿田彦が貝に手を挟まれて溺れる話は、南方系の民話であろう。猿がひる寝をしている貝の中に手を入れ、肉を取ろうとして逆に手をはさまれ、溺れるという話が、インドネシアのセレベス、ハルマヘラ、セラムなどに分布していて、奄美大島にも、赤い顔で猿に似た怪物ケンモンが、貝に手をはさまれて溺れようとする話がある。

海人族の説話には、そうした南方系の話が少なくない。

## 二　コノハナノサクヤビメの結婚

高千穂に天降ったホノニニギノ尊は、熊襲《くまそ》族（隼人族）の棲む蕃地を通り、宮殿を建てるにふさわしい良い土地を求めて各地をめぐり、ついに笠沙御埼《かささのみさき》に到着した。そこで宮柱をしっかりとうち立て、大宮処《おおみやどころ》と定めた。

この御埼は鹿児島県の野間半島がこれであろうといわれる。加世田《かせだ》市舞敷野には、笠沙宮跡の碑が建てられ、笠沙という町もある。

さて、笠沙の御埼にいたホノニニギは、ここで大層美しい乙女に逢った。一伝によると、その乙女は海辺に御殿を建て、その中で、手にまいた玉飾りをゆらゆらさせながら、機《はた》を織っていたという。その名を尋ねると、大山津見神《おほやまつみのかみ》の娘で、木花之佐久夜毘売《このはなのさくやびめ》という名を名のった。さらに兄弟がいるかと問われて、「石長比売《いはながひめ》という姉がおります」と答えた。そこでミコトはこの乙女に求婚したところ、「父の大山津見《おほやまつみ》にきいて見て下さい」と答えた。そこでミコトは父神に会った。大山津見はたいそう喜び、姉の石長比売を添え、また百取《ももとり》の机代《つくえしろ》の物（沢山の祝儀《しゅうぎ》の品）を持たせて、姫を献った。

ところが、ミコトはイハナガヒメが醜い顔なので、大山津見のもとに返され、妹の姫だけを召した。イハナガヒメを返された父神はいたく恥じ、ミコトのもとに、「わたしの女二人をたてまつったわけは、イハナガヒメの名のように、天つ神の御子の御寿命《おいのち》が、風雨や寒熱にもめげず、とこしなえに岩のように変わらず、またコノハナノサクヤビメの名のように、栄えるようにと、おいのりしてのことです。ところが、姉の姫をお返しなされたからには、御子《みこ》の御寿命は、美しくとも、花のようにはかないものとなりましょう」と言い送った。こういうわけで、天つ神の御子である天皇の御寿命は、今に至るまで長くはないのだという。

この話は、インドネシアに分布する「バナナ型」という人間の寿命の由来話と類似点があることが、従来指摘されている。原古の人間が、神からバナナと石との二者の中の一つを選ばせられ、バナナを選んだため、人間がそれ以後短命になったというタイプの神話である。ボルネオのヌガジュ・ダイヤクなどでは、バナナと石ではなくして木と石とになっていて、日本の話と類似している。日本の佐久夜毘売の話でも、『日本書紀』の一つの伝えでは、このことのために、天皇の寿命ばかりでなく、「これ世人《よのひと》の短折《いのちみじか》き縁なり」といい、一般の人間の寿命が短くなったと説いている。もともとは皇室と無関係な神話であったろう。

さてホノニニギと、一夜を共にした佐久夜毘売は、妊娠してお産をすることになった。ミコトは、一夜で孕《はら》んだことによって、自分の子であるかどうかを疑った。そこで姫はたいそう恨んで、「もしこの子が天つ神のあなたの御子でないならば、必ず無事には生まれますまい」と誓い、戸の無い八尋《やひろ》殿《どの》を造り、その御殿の中にこもり、土で外を塗り固め、いよいよ出産というときに、火をその御殿につけた。

その火が盛んに燃える最中に生まれた御子は火照命《ほでりのみこと》、次に生まれた御子は火須勢理命《ほすせりのみこと》、最後の御子は火遠理命《ほをりのみこと》、別名天津日高日子穂々手見命《あまつひだかひこほほでみのみこと》と名づけられた。

戸口のない産屋《うぶや》にこもって、火をつけてお産をすることは、一種の誓約《うけひ》であって、心の正邪を、神意に問う古代のト占法であるが、また同時に出産時には、火をどんどん焚くという、南九州や薩南諸島などの風習なども関係するであろう。さらに南方のカンボジアやマレイなどにもこの風習がある。ホデリ、ホスセリ、ホヲリという三人の「火《ほ》」を名とする御子の誕生は、『記』『紀』の伝えによって、多少異同があるが、要するに、南九州の隼人族の間に伝えられていた火の神の誕生譚であったのかも知れない。その中の一人が、皇室の祖先のヒコホホデミと同一視されたわけである。「火《ほ》」を名とする御子が、火中から誕生する話は、母神伊弉冉《いざなみ》から火の神香具土《かぐつち》が誕生する話や、『垂仁記』のサホヒメが稲城《いなき》にこもり火をかけて、ホムチワケを生む話などがある。古代インドの神話で、火の神アグニが、両親を焼き殺して生まれるという話などを連想させるものがある。

また『日本書紀』の一伝によると、サクヤビメの出産の時、竹刀《あおひえ》でその御子の臍の緒を切ったが、その棄てた竹刀が、のちに竹林となった。そこでその地を竹屋《たかや》と名づけたという。臍の緒を竹刀や竹べらで切る風習は、沖縄などにも古く行なわれ、台湾のピュマ族などでも現在行なわれる南方的な風習である。この風習は、日本ではかなり後世まで続き、平安時代の『御堂関白記』などにも、摂関貴族の出産にも行なわれていることが記されている。

木花之佐久夜毘売《このはなのさくやびめ》は、『日本書紀』によると、また別名を神吾田鹿葦津姫《かむあたかあしづひめ》とか、豊吾田津姫《とよあたつひめ》とか、神阿多都比売《かむあたつひめ》とか、呼ばれている。要するに、薩摩国の阿多《あた》郡のアタを名とする女性である。また竹《たか》屋《や》は、『倭名抄』に見える薩摩国阿多郡鷹屋《たかや》で、いまの加世田市内山田附近であるといわれる。

『日本書紀』の一伝によると、ホノニニギはカササノミサキから長屋の竹島《たかしま》に登り、その地を巡り歩き、土豪事勝国勝長狭《ことかつくにかつながさ》にその国土を献上させ、またその人物によって、水辺の八尋殿で機織る少女サクヤヒメを紹介されるのである。このタカシマは、『孝徳紀』にも出て来る実在の地名で、のちの薩摩川辺郡竹島の地に当たるといわれる。

これらの地方は、古く隼人《はやひと》とか熊襲《くまそ》とか呼ばれていた種族が住んでいた。クマソという名は、クマソオともいい、肥後地方にいた肥人《くまびと》と、大隅の噌唹《そお》ないし曽《そ》の地方にいた曽《そ》（襲）人《びと》との汎称で、曽《そ》人《びと》とは隼人《はやひと》の別名であった。

景行天皇や仲哀天皇は、この熊襲が服従しないので、たびたび征討したと伝えられるが、すこぶる強猛な種族であったらしい。

斎藤忠氏・小田富士雄氏などの考古学者の研究によると、隼人の居住地とされている大隅・薩摩・日向南部・肥後南部の球磨《くま》地方は、考古学的にも、独特な風貌を示し、古墳時代にも地下式横穴や地下式板石積石室などが盛んに造られ、しばしば群集墳として現われ、五世紀初め頃には、あったと推定されている。また短甲や武器などが群集墳の一つ一つに副葬されていて、すこぶる軍事力に富んだ戦士団の国家ということが考えられるという。

彼等が言語・風俗・容貌など、他の地域の人々とはやや異なった点があり、東南アジア系種族ではないかという説がある。

ホノニニギの物語の骨子は、日の御子がまず南九州のソの山（日向の襲《そ》の高千穂峯）に天降り、隼人の住む未開な蛮地（ソジシノムナクニ）を通って、その中心地であるアタの地で、その隼人の首長に国土を献上され、ここを宮居と定め、当地の隼人出身の女性と婚し、御子を生んだということになる。天孫降臨も、コノハナノサクヤビメとの婚姻譚《こんいんたん》も、火中出産譚も、みな隼人族に伝わった神話であったらしい。隼人土着のそうした天神の御子の天降り譚が、後に大和朝廷の祖先の一人の事績とされていったのであろう。

カムアタツヒメが、機を織っていたのは、古代に水辺に神聖な忌機屋《いみはたや》を設け、訪れて来る神を迎え祭るため、斎女《さいじょ》がここにこもり、神の衣を織っていたという古俗の記憶から出ている話であるが、この話には特に古い新嘗祭の行事の一つと関係あるように思われる。

この姫は、『日本書紀』の一伝によると、斎田《さいでん》を卜占で決め、これを天上の田に見たて、その田から取れた稲で神酒と神饌《しんせん》とを作り、これで新嘗の祭りを取り行なったという。この姫は新嘗祭のいわば斎主ともいうべきものである。

古代には、新嘗の祭りにおいて、男達はみな外に出はらい、女主《おんなあるじ》、家刀自《いえとじ》あるいは家の処女のみが斎女として家にこもり、神の訪れを待ち迎えたらしい。『万葉集』巻十四の東歌に、次の歌がある。

にほどりの　かつしか早稲《わせ》を　贄《にへ》すとも　その愛《かな》しきを　外《と》に立てめやも

（この葛飾《かつしか》の里の早稲の米を、新嘗の祭りの神饌に供え、神様を迎えることになったが、そうだとて、私はどうしていとしい夫を、戸外に出しておられようか）

誰ぞこの　家の戸押《お》そぶる　にふなみに　あがせをやりて　いはふこの戸を

（いったい誰ですか、この新嘗の晩私の夫を外に出して、ひとり斎戒している私のこの家に、戸を押して訪れるのは）

これらはみなそうした斎女の心境を歌ったものである。その際、訪れる神と、これを迎える斎女との間に、聖なる結婚の秘儀が行なわれたらしい。農耕の祭りに、田畠に豊饒《ほうじょう》を促す呪術《じゅじゅつ》として、そのような神の結婚の儀礼・行事などが行なわれる例は、他にも少なくない。後世の田遊び神事、御田祭《おんださい》、御田植祭などに、爺と婆の共寝《ともね》のしぐさなどがあるのは、そうした古代の祭りの聖婚式の名残りである。アタツヒメのもとに訪れる天つ神の御子のホノニニギも、前に述べたように、稲の穂を表わす名であるから、本来そうした新嘗の秘儀に来臨し、饗応される神そのものであったと言えよう。

古代の新嘗は、斎女としての女性が、『日本書紀』のこのアタツヒメのハタオリや田作り、神酒・神饌の故事に見えるように、神に着せるための神衣《かむみそ》を織り、また神聖な稲を取る斎田《さいでん》を作ったり、それから取れた稲で神酒・神饌を作ったり、また神を迎えるための仮宮を作ったり、また自ら神饌にする斎田の稲穂を抜き、稲の神霊を迎えたり、いろいろな行事の一切の管掌者であった。古い稲作が主として女性の手によって行なわれたことの名残りであろう。

後にこれが発達して、宮廷の天皇家の新嘗儀礼である大嘗祭などになると、忌機殿《いみはたどの》（神服殿）で神衣を織るのは機織女《はたおりめ》、抜穂《ぬいぼ》や神酒作りは造酒児《さかつこ》、神饌を供えるのは采女《うねめ》や内膳司《ないぜんし》などと、職掌が分化し、いろいろな諸役が分担するようになったが、もとは簡単な形のものであったのである。造酒児などは、斎田が選ばれた悠紀《ゆき》・主基《すき》の国の土豪の娘で未婚のものがあてられたが、彼女は最も重要な役で、神聖な稲穂を抜く抜穂の行事や、その新嘗の祭神である八神殿の祭りや酒やカマドの神の祭り、建材のための木の伐採や斎場や大嘗宮の穴掘り、御井掘りなど、数多くの行事の最初の手の下し役であり、神饌・神酒を造るのも、彼女が主役であった。カムアタツヒメは、彼女の最も古い姿であるとも言える。

こうした古代の新嘗祭の名残りは、後世の田の神祭りなどに見られる。ここにはもはやかつてのような女性中心の行事は見られないが、家の主人が、自ら田に出かけて、稲の穂を刈り、それをヨリシロとして田の神を家に迎えて来る行事があり、これにいろいろと供物をするのである。九州の刈上《かりあ》げの行事である丑の日、大黒あげなどはそうであるが、また能登のアエノコトという行事などでは、主人が裃《かみしも》をつけて田に行き、田の神の手を引いて家に迎えて来、これにいろいろのごちそうをしたり、風呂に入れたりするのである。風呂に入れるのは、大嘗祭の天皇の湯殿の行事が思い浮かべられるが、そうした饗応役は、古くは一人の斎女であったのであろう。

こうした古い新嘗の祭りの縁起譚《えんぎたん》とも見るべきものが、隼人族の首長の家に伝えられていて、その女祖ともいうべきアタツヒメが若い稲の神を迎え、これを歓待して契りをかわし、子孫を生んだという話であったのを、のちに宮廷の神話体系に繰り入れられて、その若い神を、皇室の祖先の一人と考え、隼人と皇室とを、同じ祖先から出た分かれのようにしたてたのであろう。

このホノニニギは、笠沙宮で崩じ、可愛山陵《えのやまのみささぎ》に葬られたと『日本書紀』に記される。『延喜式』には、日向埃山陵《ひむかのえのやまのみささぎ》と呼ばれている。この地は正確には判らないが、一般には鹿児島県川内市《せんだいし》の新田神社の背後にある山陵がこれであろうといわれている。また一説には宮崎県西都原《さいとばる》の東北、可愛谷《えのたに》（江文谷）にある男狭穂塚《おさお》がこれであるといわれる。

鹿児島県には、この可愛山陵のほかに、ホノニニギの御子ヒコホホデミノ尊《みこと》の高屋山上陵《たかやのやまのうえのみささぎ》が始《あい》良《ら》郡溝辺町にあり、またさらにその御子のヒコナギサタケウガヤフキアヘズノ尊の日向吾平山上陵《ひむかのあひらやまのうえの》が、肝属郡吾平町《きもつきぐんあひらまち》にある。これらは『日本書紀』および『延喜式』に記されていて、古くから神代三陵といい、尊ばれていたが、都からあまりに遠隔の地なので、平安になってからは、山城国葛野郡田《た》邑《むらの》陵に遷祀された。

これらの御子達の三陵がみな隼人族の住む薩摩・大隅にあったことや、またこれらの皇子達の活躍する日向三代の物語が、前に述べた竹刀の話や、またこれから述べる海幸・山幸の話のように、すこぶる南方的な風土性に富んでいることは、これらの物語が、決して中央の貴族達の政治的加工品ではなく、実際の南九州に根生《ねお》いの神話・口碑であったことを表わしている。もちろんこれらの陵墓が本当に皇子達の墓であったかどうかは疑問であり、単に彼等の首長達の墓であったのであろうが、これらが皇子達の墓とされたのはもちろん隼人の帰属以後である。

『記』『紀』には日向国と記されていながら、実際には大隅や薩摩にあるのは、古くは日向国というのは、現在の日向、すなわち宮崎県に、大隅・薩摩の二国を含めた地域を総称したことによるのである。和銅六年に、はじめて噌唹《そお》郡など四郡が、日向国から独立し、大隅国ができたと『続日本紀』などには記されている。薩摩国の分立も、それよりやや古いのであろうが、そう遠い時代ではあるまい。

これらの地の隼人の朝廷帰属は、多分五世紀初め頃であろう。

## 三　海幸・山幸

ホノニニギの御子の中、火照命《ほでりのみこと》（一伝によると火闌降尊《ほすそりのみこと》）は、海の漁《すなど》りが巧みであり、海幸彦《うみさちひこ》と呼ばれ、弟の火遠理命《ほをりのみこと》（彦火火出見尊《ひこほほでみ》）は、山の猟が得意で、山幸彦《やまさちひこ》と呼ばれていた。

ある日、弟の山幸彦《やまさちひこ》は兄の海幸彦《うみさちひこ》に向かい、お互いに猟具を交換して出かけてみようと提案し、兄も同意したので、弟は兄の釣道具を持って海岸に出かけて行った。だがお互いに成績は不良で、獲物を一匹も捕えなかったばかりか、弟は借りた釣針までもなくしてしまった。

海幸彦は、弓矢を弟に戻し、「もう交換はごめんだ。さっぱり不猟だから、やはり自分は自分の持場で、慣れた道具を使った方がよい。わしのもとの釣針を返してくれ」と迫った。

弟は魚に針を取られた事情を話し、あやまったが、兄はもとの釣針を返せといってきき入れない。そこで弟は、秘蔵の十握《とつか》の剣《つるぎ》で、数百個の釣針を作り、箕《み》に盛って返そうとしたが、一向に承知しない。

山幸彦はとほうにくれ、海辺で泣いていると、塩土老翁《しほつちのをぢ》に出逢い、事情を訊ねられた。ミコトがわけを話すと、翁は同情し、「わたしがよしなにはからいましょう」といい、竹で無目籠《まなしかご》という船を造り、これにミコトをのせ、行く先をこまごまと教え、沖へ押し流した。無目籠はマナシカツマとも呼ばれ、目が堅くつまった竹籠のことである。こうした竹籠細工《たけかご》は、今でも南九州や薩南諸島などの民具には多いが、また南シナやヴェトナムなどにも多い。南九州の隼人達も、竹籠や竹の簾《すだれ》などの竹細工にすぐれた技をもっていたことは歴史的記録にも明記されていて、大嘗祭などに用いる数多くの竹籠をはじめ、宮中の沢山の竹製品は、彼等の手で作られたものであった。

さて、船はやがて海神《わたつみのかみ》の宮に着いた。眩《まば》ゆいほど美しい宮殿で、魚の鱗で葺《ふ》いたような屋根があった。門前に一つの井があり、井の上には一本の桂の木があった。ミコトがこの木に登って休んでいると、海神《わたつみのかみ》の娘の豊玉毘売《とよたまびめ》の侍女が現われ、玉の器を持って水を汲もうとした。すると井の中の水にミコトの影が映った。驚いて仰ぎ見ると、とてもすてきな若者が木の上にいた。侍女に向かって、ミコトは水を所望した。侍女が水を汲んでその器に入れて差し上げると、頸かざりの珠を一つ取りはずし、口に含んでからそれを器に吐き入れた。その珠が器にくっついたまま取れないので、そのまま豊玉毘売《とよたまびめ》に献上した。

姫は不思議に思って侍女に尋ねると、侍女はありのままを申し上げた。そこで姫自ら出て見ると、果たして侍女の言う通り立派な青年がいるので、姫はすっかり嬉しくなってしまった。二人はすぐさま目を見あわせて意気投合した。姫は御殿に戻って父君の海神に報告したところ、父神も自ら出て見て、「このかたは天神の御子だ」と言い、早速御殿につれて来、海驢《あしか》の皮の敷物を幾枚も重ねた上、さらに幾枚も絹の敷布を敷いて、その上にミコトを招じ、たくさんの献上物を供えて接待し、豊玉毘売を、その妃としてたてまつった。

かくして三年の月日が過ぎたが、ある晩、山幸彦はふと昔のことを思い出して嘆息した。海神がミコトにわけを訊ねると、ミコトは失くした釣針のことを打ち明けた。海神は海中の魚類をことごとく召集し、尋ねた。魚どもが申すには、「近ごろ鯛が咽喉《のど》が痛いといって、食物を取っておりませんから、きっとかやつめでございましょう」と答えた。さっそくその咽喉を探って見ると、果たして針が出てきた。海神はこれを洗いきよめて山幸彦に返した。

そのとき海神はミコトに向かい、「これを兄君に与えなさるときは、『この鉤《ち》（釣針）はおぼ鉤《ぢ》、すす鉤《ど》、貧鉤《まぢち》、うる鉤《ち》（この鉤《ち》はぼんやりさせる鉤、心がすさむ鉤、貧乏にさせる鉤、愚かにさせる鉤）』と唱えて、うしろ向きにお渡しなさい。そしてもし兄君が高い土地に田を作られたなら、あなたは低いところに田を作りなさい。もし兄君が低いところに作られたなら、その逆をなさい。そうすれば、私は水の支配力を持っていますから、三年間で兄君はきっと貧乏になられるでしょう。もし兄君がそれを恨んで攻めて来られるなら、この潮みつ珠を取り出して溺れさせておやりなさい。もし謝って来られるなら、潮ひる珠を出して助けておあげなさい」といい、海水の満干《みちひ》を自由自在にする呪力を持つ二つの珠を、ミコトに授けた。そして多くの鰐《わに》を集め、その中から特別大きな一尋鰐《ひとひろわに》を選び、ミコトをその頸に載せ、地上に送り届けた。

ミコトは海の神の教えた通りにして兄君に針を返した。すると兄の海幸彦はひどく貧しくなり、心もすさんで来て、弟を攻めかかって来た。弟は例の潮満つ珠を出して兄を溺れさせ、兄が水に溺れて謝った時、潮干《ひ》る珠でこれを救った。

かくて兄の海幸彦は、弟の山幸彦に敵しがたいと考え、降参して、「今後はあなたの昼夜の守り人としてお仕えしましょう」と言い、裸体にふんどしをつけ、顔や手足を赤く塗って、水に溺れたときのしぐさを、滑稽な身ぶりで演じ、弟に仕えることになった。この海幸彦の子孫が隼人族の吾田君《あたのきみ》小橋である。またその隼人達が天皇の宮殿の護衛役をし、また犬の吠え声を真似《まね》て、奉仕し、また世々そうした芸能をもって天皇を慰めることになったのは、この故事に基づくという。

南九州の隼人達は、古く宮廷に交替で召され、大嘗祭、即位式、元日、蕃客入朝（外国からの賓客の訪問）などの諸儀式に際し、宮門を固め、犬の吠え声に似た声を発し、また隼人舞や相撲などの芸能を行なって天皇に奉仕した。彼等が交替で宮廷に召されて奉仕した役所を、隼人司《はやひとのつかさ》といい、ここではそうした歌舞を練習したし、また平生の内職としては、前に述べた竹細工のものをたくさん製造して、宮廷用に献上していたのである。

この物語は、その隼人の職掌の由来話という形となっていて、ことにその溺れるしぐさの演技は、かつての隼人舞の内容であったものらしい。大嘗祭などの公的な儀式に用いる隼人の楯は、その頂きに馬のたてがみをつけ、またその表に鈎《ち》（釣針）の形が描かれていたことが、『延喜式』に記されるが、これはどうやらその失った鉤《ち》を記念して描いたものらしい。近年平城宮址から出土した木の楯は、全く『延喜式』の通りの鉤を描いた木の楯であり、てっぺんに馬のたてがみを植えこんだ穴らしいものがあって、間違いなく隼人の楯であることが、確認された。

隼人は、前にも述べたように、倭建命《やまとたけるのみこと》などの物語に出て来る熊襲《くまそ》と同じものであるが、何時の頃からか大和朝廷に帰属し、そうした番兵役や近習役、あるいは道化役を引き受けるようになったが、もともと勇猛な種族で、叛服常ならず、ことに奈良朝前後の大宝二年（七〇二年）や養老四年（七二〇年）には、大がかりな叛乱をおこし、朝廷もこれを鎮圧するのに、大きな犠牲をはらっている。隼人《はやひと》という名は、「勇猛な人」を意味する自称であるらしい。鹿児島県隼人町にある隼人塚は、征伐された隼人族の供養塔として古くから伝えられる。丘の上には石塔婆と四基の四天王石像が立っている。景行、仲哀朝などの古い時代の伝承には、熊襲《くまそ》という名ばかりは盛んに見えて、常に凶猛な反徒であり、一種の蛮族のように表現しているが、五、六世紀の履中や清寧などの御代になると隼人という名だけが出て来、宮廷の近習《きんじゆう》の職をつとめている。熊襲という名は、古く大和朝廷側から見てつけた蔑称で、服属してから後は、隼人という自称を、そのまま朝廷で採用したのかも知れない。

この海幸・山幸譚は、もともと隼人族に伝えられていた祖先の二人兄弟の伝説であるが、これが宮廷の神話体系に組み入れられると、負けた兄の方が隼人の祖先に、勝った弟の方が皇室の祖先に、それぞれなったというような語りかたとなったのであろう。

この隼人のいたという南九州や薩南諸島には、今でも、川上と川下の二つの部落の祖先の兄弟や姉妹の伝説を伝え、愚かな姉が賢い妹にだまされて水の便のよい川下の田を先取りされ、自分は後から不便な川上の田を占めたというような口碑を物語っている。海幸・山幸譚にも、そうした高田《あげた》と下田《くぼた》との争いの話がある。

薩南諸島には今でも、海幸・山幸に似た昔話がある。喜界島の昔話に、朋輩《ほうばい》から釣縄を借りて釣りに出かけた漁師が、魚に釣縄を取られ、朋輩からもとのものを返せと難題を吹きかけられる。男は水底に潜ると、ネイー（ニライ）の国に来てしまう。ネイーの島に上がって町中を歩いていると、一軒の家の庭の芝の垣に、探していた釣縄が洗って干してある。

その家に行って事情を話し、ネイーの神様にいろいろと御馳走をして貰う。美しい赤鳥や白鳥がしきりに庭から空に飛び上がってゆくが、あれは人間に釣り上げられる魚だと説明される。男は釣縄を貰い、卯の日には舟を出すなかれという教えを受け、帰郷する。釣縄は友人に返す。卯の日には舟を出さなかったが、朋輩の男はこれを知らず、俄《にわか》の嵐で舟を覆《くつがえ》し、死んでしまうのである。

ところが、これと同じタイプの釣具交換の兄弟話が、南洋方面に分布していることを知らねばならぬ。パラオ、セレベス、ケイなどにある。たとえばセレベスのミナハッサの話に、カヴアルサンという男が、一人の友人から釣針を借りて釣りをすると魚に針を取られる。友人がもとのものを返せと責めるので、海中に潜ると、海底のある村で、乙女が喉に刺さった釣針のため苦しんでいる。彼がこれを喉から抜いてやったので、乙女の両親が喜んで彼に贈物を与える。日本の話も、そうした南洋系の説話に属することは間違いない。隼人族が東南アジアかインドネシアなどを原郷とする南方系種族らしいことを考え合わせると、興味深いことである。

この物語における海神綿津見神《わたつみのかみ》の宮は、あくまで神話的想像の産物に過ぎないもので、別に特定のどこかの島であるわけではないが、後世の合理観から、琉球であるとか、日南海岸沖の青島であるとか、いろいろな地がこの候補地に当てられている。ことに開聞岳《かいもんだけ》は、その北麓に枚聞《ひらきき》神社があり、海神豊玉彦・豊玉姫を主神に、彦火火出見尊、塩土老翁、玉依姫を相殿としているといわれる。古くは鴨著島《かもどくしま》といい、竜宮城に擬せられた。

このような神話的比定はみな後世の産物で、神代史そのものに基づいて、適当に割りふられたものに過ぎないが、ただ南九州には海神を祀る社が多く、古代の隼人《はやひと》や海人《あま》なども、これに関する伝承などを数多く伝えていたということだけは言えるであろう。

潮満珠《しおみつたま》・潮干珠《しおひるたま》の問題にしても、古くインド、東南アジア、中国中部以内などに行なわれた伝承で、海竜王の持つ呪宝であった。海神を祀る神社には、往々この珠を神宝として伝えているということがあり、薩摩の枚聞神社、鹿児島神宮、摂津の広田神社、常陸の側高《わきたか》神社など、後世までそうした干満《かんまん》珠《じゅ》の伝承があった。いずれも、海人族系統の社である。ことに九州にはそうした伝承が多く、また往々にして古社の祭りに、干満珠と名づけた二個の玉を、海中で若者達が奪い合うような行事が少なくない。海幸彦が顔や手を赤く塗り、裸体にふんどしをつけ、水に溺れる真似をしたという神話も、もしかすると、そうしたタマセリ祭・タマトリ祭・タマセセリ祭などと呼ばれる行事の芸能化したものの、縁起譚《えんぎたん》であったかも知れないのである。して見ると、これを溺れるしぐさだと考えたのは、後世の説明なのかも知れないのである。

## 四　トヨタマビメの産屋

海神の宮で夫の君と別れた豊玉毘売《とよたまびめ》は、日海の宮殿から彦火火出見尊《ひこほほでみのみこと》（火遠理命《ほをりのみこと》）の宮居を訪ね、妊娠を告げた。そして、「天つ神の子を海原で産むわけにはまいりませんので、こちらまでやってまいりました」と言上した。

姫の言葉に従い、夫の君は海のなぎさに鵜《う》の羽を葺いた産屋をつくり始めたが、まだ産室ができないうちに、産気づいたので、その時、生まれた皇子の名を鵜葺草葺不合命《うがやふきあへずのみこと》と名づけた。

ところが、産室に入る時、姫は夫に向かい、「すべてよその世界の者がお産をするときは、その本国の姿になって産むものですが、私は海の国のものですから、その本《もと》の身になってお産をします。ですから、どうか私を覗き見なさらないように」と言った。それを不審に思った夫は、そっと産屋を覗いて見ると、姫はなんと八尋《やひろ》もある鰐《わに》の姿となって、はいまわっていた。ミコトは肝をつぶして逃げ出してしまった。

それを知った姫は、正体を見られたことを恥じ、御子を産むや、「わたしは海路を通って、いつもお目にかかろうと思いましたが、わたしの正体をご覧になった上は、とても恥ずかしくて、もうお会いできません」と言い、その海の道を塞いで海神宮に帰ってしまった。

この物語で、姫が身重の体を竜宮から出て来て、海岸に産屋を作り、そこでお産をすることになっているのは、前半の海幸・山幸の神話と、後半の産屋の神話とが元来別系統の物語であり、それを無理して結びつけた結果、そうした筋の運びをせざるを得なかったように感じられる。すなわち、後半は古くから日本の口碑・伝説などに出て来る、いわゆる「蛇女房」「竜宮女房」のタイプの物語で、水底にすむ水の精としての女が、正体である蛇身を見られて、水界に帰って行くという型である。この型の話では必ずお産は陸上で行なわれ、それを見られた女は、水界に帰って行くのである。これと前半の「釣針を失った男が海底にそれを探しに行く」海幸・山幸の話とは、同じ海洋を舞台とするにしても、ややニュアンスが違う。竜宮で姫がお産をしたのでは、「海に帰って行く」ことができない。この海に帰って行くというモチーフは、あまりにも知られたタイプで変更は困難であったため、一度海から出て来て、陸上でお産し、再び海に帰るという厄介な形を取るに至ったのであろう。

この産屋の場は古代の出産のタブーの思想が窺われる。日本の民俗では、出産による血の穢れを特に忌み嫌う信仰が強く、産婦はお産に臨んでは、特別に設けられた産屋に入って産み、当分は俗世間と関係を断ち、食事も別火で調えるという習慣があった。夫といえども、そうした産の穢れに触れてはならないので、これに立ち入ることは禁じられていた。いわばこのタブーを犯した者の教戒のために、作られた物語だというようにも見えるが、単にそれだけではない。覗き見た正体が鰐だったというモチーフは、昔話の蛇女房、鶴女房、狐女房などの、やはり正体が動物形であったと語ることと同じであって、一種の異類婚姻譚に属する。

外国でも、こうしたタイプの物語は、世界的に広く語られている。いわゆる「メルシナ型」がこれである。このタイプは、(1)ある男が一美女と結婚する。(2)妻は一室内に一定時間こもり、夫に覗き見を禁じる。(3)夫が禁を破って覗き見ると、妻はある動物に変形している。(4)覗き見られたことを恥じ、または怒り、妻は夫の家を去る。(5)妻は多くの場合子供を一人残し、(6)その子は成長した後に名門の家の祖先となる、というような話根を持っているのである。

メルシナとはフランスのルシナン伯爵夫人という伝説的な女性の名で、やはり夫の伯爵が妻の秘密の部屋を覗き見ることを禁じられ、その禁をおかして窺い見ると、妻は下半身が蛇体と化していて、妻は夫の違約を責めて、水界に帰って行くという筋である。この型は、広く世界に分布し、妻の正体も、蛇であったり、人魚だったり、魚やスッポンだったりいろいろであるが、みな水に関係ある動物であることが普通である。東亜では、中国の晋の干宝の『捜神記《そうじんき》』にある、妻がスッポンに化しているという話は名高い。

これらは多く名門・旧家の祖先伝説になっていて、その妻は子供を残して去り、子供は成長して貴族や英雄になるのである。『高麗史』に見える。朝鮮の高麗の王朝の先祖の作帝建《さくていけん》も、やはり竜宮に行って、竜王を助け、その大敵である妖狐を退治するのであるが、礼に竜女を妃に貰い、故郷につれ帰って宮殿を築き、王となるが、竜女が里帰りのため井の中に、黄竜の姿になって飛びこむのを禁をおかして覗き見するのである。この結果竜女はやはり子を残して去り、その子が成長して王家をおこすのである。水浴ではなく井戸に飛びこむ話となっているのは、韓民族の風土に合わせた形になったのであろう。

日本の豊玉毘売や蛇女房は、水浴の件はないが、産屋のタブーがこれに代わっている。これも風土的な変容であろう。しかし、豊玉毘売の話が王家の始祖伝説となっていることは、高麗のそれと同じである。

インド、東南アジアなどには、王家の先祖が竜王の娘と結婚する話が多い。ことにビルマのパガーンの王朝の始祖伝説では、クン・アイという男が、竜女と恋におち、一緒に湖の底の竜宮に行き、夫婦生活をするが、この国の水祭の日となり、妻は夫に家にこもり、外を見るなと禁じる。夫が禁をやぶって外を見ると、竜女をはじめその国の人達がみな竜の姿と化しており、それがきっかけで、夫は地上に帰り、竜女は湖のほとりで卵を産み、去ってしまう。その卵がかえって子供が生まれ王家の祖となるのである。これも一種のメルシナ型であるが、竜宮行きが発端になっている点は、豊玉毘売や高麗王朝の伝説と似ている。日本や朝鮮の物語は、恐らくそうした東南アジア系の説話であろう。

東アジアや南アジアの国々では、帝王は、よく竜蛇になぞらえられ、竜蛇の子孫だと伝えられる話が多い。これは王侯が、もともと雨水のもたらし手である竜神を祭り、雨量や水量などの調節を図るという特権、言いかえれば水徳を有しているという、古代信仰の表われである。『漢書』『後漢書』『高麗史』などをひもとくと、中国や朝鮮の王侯達は、しばしば大旱に対して、身をもって露台や庭などにさらし、竜神や山神、河伯（川の神）に雨を祈り、また多くの巫覡《みこ》達に雨乞いの呪術を行なわせている。中国の春秋時代から斉の景公が、大旱に当たって身を野にさらしたという故事（『説苑』）や、殷の湯王《とうおう》が、大旱に当たり、自ら桑林で祈った（『呂氏春秋』）故事などは有名である。

このような王侯の水徳、すなわち雨乞いの特権と義務は、朝鮮でも日本でも同じであった。皇極天皇が自ら雨を祈ったこと（『日本書紀』）なども名高い。このような王侯の水徳の淵源は、王家が雨水の神である竜神と何等かの血縁を持っていることによると主張することによって、王家はその地位を保つことができた。つまり、その王家の祖先の一人が竜神の一族の娘と結婚して子を生み、その子が王位に登ったとするような神話を語り出すことによって、王家はその血筋の正統性を保とうとしたのである。「メルシナ型」の伝説が、欧亜でも広く、特別な地方的名族の家の伝承であることもこれを物語っている。

日本や朝鮮の王室の神話も、不思議にその祖先が水の神と結婚したり、竜蛇の子孫とされていたりする話が多い。新羅の第一代の赫居世王が鶏竜《けいりゅう》（多分首がニワトリの形をした竜神）の娘と結婚したり、脱解王が竜城国（多分竜神の国）の生まれであるとされたり、神武天皇が蛇体の雷神大物主神の娘イスケヨリヒメと結婚したりするのも、みなその例である。

このような動物との婚姻譚《こんいんたん》、すなわち異類婚姻譚は、古いトーテミズムの信仰から出た物語であろうという説が、ハートランドや松村武雄氏などによって唱えられているが、日本においては上代に果たして厳密な意味におけるトーテミズムが存在したかどうかは、はなはだ疑問が多いのである。『万葉集』に狼のことを「大口の真神」と呼んでいたり、『日本書紀』で、三輪の大物主が蛇体を現じたり、『古事記』で、足柄山の坂の神が鹿、伊吹山の神が猪になったりしているのは、古い動物崇拝の名残りであるといわれる。しかし、オーストラリア原住民のように、その動物の種属全体を、ある特定の氏族《クラン》が管理・支配し、その繁殖や保存を図る祭りを行なうなどといった習慣は別にない。大物主は蛇神であり、その眷属とも使者とも信じられている三輪山にすむ蛇も、古くから神聖視されてはいるが、これの司祭家であった三輪氏（大神氏《おおみわ》）は、別に蛇属一般の管理者とは見なされていないのである。

私は、欧亜の「メルシナ型」、またこれに含まれる日本の豊玉毘売や高麗の作帝建の物語などは、みな源流を溯れば、トーテミズムというよりむしろ古代オリエントの水霊信仰に起源があると考えている。オリエントでは、ダゴン神とかデルセト女神とか、アタルガシス女神とか、半身が蛇か魚の形で考えられている水の神の崇拝が盛んであった。インドの竜王《ナーガ》の崇拝なども、その流れである。それらの祭は秘儀に満たされていて、俗人が窺い見ることを禁じた。そしてそれらの秘儀には多く水による灌奠《かんてん》（水を神像などに浴びせる行事）が伴っていた。メルシナ型の話で、夫が妻の行水を覗くことを禁じたという話も、妻はこの場合まつられる竜女神であると考えれば、この秘儀を俗人が窺うのを禁制するという思想の表われである。

日本では、産屋における蛇体という形となっているが、これは古く海人達によって、竜蛇形の女神が、御子神《みこがみ》を産むという、秘儀的な祭儀が取り行なわれたからであろう。『能登国名跡志』によると、古来輪島《わじま》海士《あま》の漁場であった舳倉島《へくら》の守神《まもりがみ》舳倉権現《へくらごんげん》は、昔、蛇体の神で沖合から船に乗り、この浦に上陸したが、急にお産の気があり、分娩したので、今でも祭りの御仮屋《おかりや》のさまは、その時の形にワラを敷き、産屋《うぶや》のようにしつらえるという。かつて実際に、その祭には、蛇体の海の女神が御子を産む行事が行なわれたのであろう。豊玉比売の話も、恐らくそうした神事と関係があるのであろう。

『日本書紀』を見ると、豊玉毘売の父神を海神豊玉彦《とよたまひこ》であると記している。また『延喜式』神名帳によると、平安の初め頃には、海神ワタツミの神を祀る神社は、全国に分布していた。これらは古代の海人《あま》族の奉じるところであったものらしい。その宰領《みこともち》（監督官）に任ぜられていたのが、北九州に本拠を持っていた安曇《あづみ》氏である。この豊玉毘売の物語には、隼人族の海幸・山幸譚の他に、海人《あま》系統の神事の縁起譚《えんぎたん》がまじっていることも、当然察せられよう。『肥前風土記』には、北九州の海《あ》人《ま》と、南九州の隼人とが、容貌・言語・風俗などがきわめて似かよっていたことが記されている。九州には全般的に海人を祀った神社が少なくない。

# 神武の東征

## 一　日向からの東征

鵜葺草葺不合命《うがやふきあえずのみこと》は、母君の妹にあたる玉依毘売《たまよりびめ》と結婚し、五瀬命《いつせのみこと》、稲氷命《いなひのみこと》、御毛沼命《みけぬのみこと》、神倭伊波礼毘古命《かむやまといはれびこのみこと》またの名若毛沼命《わかみけぬのみこと》の四人の皇子が生まれた。その御子《みこ》達はみな日向の皇居におられた。

中でも末弟の伊波礼毘古命《いはれびこのみこと》（後の神武天皇）は、叡知すぐれ、長兄の五瀬命と相談し、東征の軍をおこした。九州から海路に沿って、豊後の宇佐につき、そこに宇沙都比古《うさつひこ》と宇沙都比売《うさつひめ》という兄妹の土豪に饗応された。そこから筑前の岡田の宮（福岡県遠賀郡芦屋町）に赴き、さらに安芸の国多祁理《たけり》の宮に行き、さらにここから東に進んで吉備の高島の宮（岡山県児島郡甲浦村宮ケ浦）に八年留まった。

速吸《はやすい》の門《と》（豊予海峡）を渡るとき、亀の背に乗って釣りをしている男宇豆毘古《うずびこ》に逢い、これを水先案内とし、椎根津彦《しいねつひこ》という名を与えた。これが大和の国造大倭直《やまとのあたえ》氏の祖先である。

かくて、皇軍は明石海峡をわたり、浪速《なにわ》（難波）の渡りに到着した。ここから川を溯り、青雲白肩の津に船を停泊させた。ここで軍勢を整え、生駒山を越えて、一気に大和盆地に侵入しようと試みた。

当時、大和には荒々しい土豪が数多くいて、なかでも登美毘古《とみびこ》、一名長髄彦《ながすねひこ》が、最も強剛であったが、その侮りがたい武力のため進軍は難渋した。それのみか孔舎衙坂《くさかのさか》の激戦で、長兄のイツセノ命《みこと》は敵の矢にあたって重傷を負った。ミコトはそこで「われわれは日の神の御子《みこ》なのだから、日に向かって戦うことは良くない。だからわたしがこんな負傷をしてしまった。これらを迂回して、日を背に負うて敵を攻めることにしよう」と言い、兵をまとめて、一旦引き上げた。このクサカノ坂は今の大阪府枚岡《ひらおか》市孔舎衙《くさか》の地である。

そこから南方にまわり、船で和泉《いずみ》の血沼《ちぬ》の海（大阪湾）から紀の国（紀伊）の雄水門《おのみなと》に船で到ったが、さらに竈山《かまやま》（和歌山市和田）に到り、ミコトは遂に矢傷のため薨じた。現在竈山《かまやま》神社がその地にあり、ミコトを祀るが、その社の背後にその御陵があり、『延喜式』にも記されている。

皇軍はそこから海路で紀伊水道を通り、紀伊半島の南端をまわって、熊野神邑《くまののかみのむら》に到着した。そこで一旦上陸して天磐盾《あめのいわだて》に登り、また引き返して海に出たところ、にわかに大暴風雨がおこり、軍船がみな揺れ漂い、危険に陥った。すると皇兄のイナヒノ命が、「わたしの母は海神の女《むすめ》なのに、どうしてこんな目に会うのか」と言い、剣を抜いたままで海に投じ、鋤持神《さひもちのがみ》となった。鋤持神とはワニのことである。またミケヌノ命も、同じく母の眷属の海神一族を恨み、浪頭《なみがしら》に乗って常世郷《とこよのくに》に渡ってしまった。熊野神邑とは、今の和歌山県新宮市附近であり、天磐盾とは、今の神倉山《かみくらやま》がこれに当たるといわれている。この地は古くから熊野の神の霊地として崇ばれていたところである。現在神倉神社が巨巌の上に立っている。

さて皇兄にみな先立たれ、遂に一人になったイハレヒコノ命は、臆せず軍を率いて、熊野の荒坂《あらさか》の津、一名丹敷浦《にしきのうら》に着き、丹敷戸畔《にしきとべ》という者を誅《ちゅう》したが、その折、熊野山の荒ぶる神が大きな熊に化して毒気を吐き、その気にあたってミコトをはじめ全軍が失神状態に陥った。

この時、熊野の高倉下《たかくらじ》という一土豪が、一ふりの剣をミコトに献上したので、ミコトはたちまち覚めた。そこでミコトはこの剣で荒ぶる神々をみな退治した。そこでミコトがその剣の由来を尋ねると、高倉下は次のように申し上げた。「わたくしの夢に、天照大神《あまてらすおほみかみ》と高木神《たかぎのかみ》（タカミムスビ）とが現われ、建御雷神《たけみかづちのかみ》を召して、『葦原《あしはら》の中《なか》つ国が目下ひどくさわがしく、そのため御子達が難渋しているから、これを救うため、なんじは急ぎ下界に降るように』と命じられました。すると建御雷は、『わたくしが降りませんでも、代わりにこの剣を降してやりましょう。高倉下の倉の棟に穴をうがち、そこから投げおとすことにしましょう』と答えられました。目が覚めてからわたくしが倉を見ますと、果たして霊剣が一ふりありました。それで献上したわけです」と申しあげた、この剣の名をサジフツノ神、またはミカフツノ神、またはフツノミタマともいい、大和の石上神宮《いそのかみじんぐう》にある霊剣であるという。

神武天皇の説話は、この熊野の地を舞台とする話と、のちに大和盆地に侵入して長髄彦その他の豪族と闘う、大和を舞台とする話との二つの異なった系統の説話を結びつけてできたものである。前者と後者の主人公は、恐らくそれぞれ違った人物であったと思われる。

カムヤマトイハレビコという名は、「神聖な大和の磐余《いわれ》（地名）の首長」を表わす名である。ナガスネヒコ一名トミビコは、「大和の鳥見《とみ》（地名）の首長」を表わす名である。恐らく大和のイハレとトミとをそれぞれ代表する二人の英雄の闘争譚が、大和における神武伝承の原素材《もとのそざい》であったろう。

熊野を舞台とする話は、ここが熊野の神域であることに注意しなければならない。天皇の別名であるワカミケヌノ命《みこと》、またはトヨミケヌノ命というのは、恐らくこの熊野での主人公の名であったろう。というのは、実はこの御名《みな》の語幹であるミケヌという名は、実は熊野の神の名であった。皇兄のミケヌノ命もやはりミケヌを語幹としているが、このミコトの海に入った場所も、この熊野神邑の沖合であったと語られている。

この南紀の熊野は、後世には三所権現と呼ばれ、本宮、新宮、那智の三社を主体とし、仏教信仰と習合し、日本における他界信仰の中心となり、熊野御師《おし》とか熊野山伏、熊野比丘尼《びくに》などの一大センターとなったが、上代においても、イザナミの有馬村の神陵などが、『日本書紀』の一書に見えるように、やはり他界信仰の中心地であったようである。

熊野本宮の主神はケツミコと呼ばれている。ケツミコという名は、オホゲツヒメ、ミケツカミなどという神名と同じく、主食、食物を表わす「ケ」という語から成り立つ、一種の穀物神である。

ところが、この紀伊の熊野の大神と、古来同体・同一の神とされた出雲の熊野大社の祭神の名は、クシミケヌノ命と呼ばれている。クシは単なる美称で、ミケという名はやはりミケ（食物）という語を含んだ神名である。

　して見ると、皇兄のミケヌノミコトも、神武の別名のワカミケヌノミコトないしトヨミケヌノミコトも、みな要するに、熊野の神を表わす名にほかならない。ミケヌノ命が熊野の沖合で、入水《じゅすい》する前に、登ったという天の磐盾、すなわち神倉山は、平安時代の「長寛勘文」に見える『熊野権現御垂《くまのごんげんごすい》迹縁起《じゃくえんぎ》』などにも、新宮速玉大社の本の宮とされ、熊野の神が現在の地に鎮座する前に、天降りした地とされている。近年、その山頂の神聖な「琴引岩《ことびきいわ》」の下から、銅鐸の他、数多くの祭祀遺物が出ており、古い聖地であったことは明らかである。カミクラという名は、文学通り、熊野の神の降臨する神座《かみくら》の山であったのであろう。

　このような事実から見て、ミケヌノ命、ワケミケヌノ命の熊野での舞台の話の原素材は、熊野の神が岩壁の聖所で祭られ、海辺で送迎される行事の縁起譚であったことが判る。高倉下の霊剣による天皇の蘇生譚も、ここに出て来るアマテラスやタケミカヅチの霊夢の話は、どうやら七、八世紀のころの中臣・藤原氏が無理に割りこませた政治的産物らしいから、この部分だけを除くと、やはり熊野の神の危難と死、その復活を語る霊験譚となる。中世の語り物である『熊野の御本地《ほんち》』なども、熊野の神がいろいろな危難に逢い、死んで復活したりする話がある。

　ミケヌノ命が海の果ての常世に生きながら渡ったという伝承は、もともとこの熊野辺で、海の果てに神霊の住む他界があることを信じた信仰によるものであるが、仏教化した中古以後でも、補陀落渡《ふだらくと》海《かい》といって、高僧達が死ぬ前に、小舟に乗せられ、若干の食物を積んで、海の果ての観音のパラダイス補陀落世界《ふだらくせかい》に往生するというために、沖につき放されるという風習が残ったことは著名である。

神武天皇の軍は、この熊野の山奥から、高木大神によって遣わされた八咫烏《やたがらす》の案内によって、無事吉野川のほとりに出たという。この八咫烏は、恐らく熊野の神の使いなのであろう。後世まで熊野では、烏がミサキ（神の使い）として尊ばれていて、中世以後、武士や町人などの誓約書にも用いられた有名な牛王宝印《ごおうほういん》にも、その烏の絵が画かれている。

要するに、熊野での皇軍の幾多の厄難の話は、もともと熊野の神が船に乗って常世から訪れ、この地に上陸し、そこでいろいろの土地の邪神になやまされ、一旦死んで蘇生するなどの奇蹟を現《げん》じた後、八咫烏の案内によってその地に鎮座したという、熊野の神の鎮座縁起が素材となっているのであろう。この話が宮廷に採り上げられて、神武伝承の構成要素の一つになった時期は、そんなに古い時代ではなく、私はせいぜい七世紀の初めではないかと考えている。

## 二　大和における神武天皇

さて、神武天皇は、吉野川のほとりまで軍を進めたとき、ヤナを打って魚を取っている人を見かけたので、尋ねると、「わたくしは国つ神で贄《にへ》物《もつ》の子です」と名のった。これは阿陀《あた》の鵜養《うかい》の祖先である。そこからさらに進んだとき、尾が生《は》えた人が井戸から出て来、その井戸に光があった。そこで名を訊ねると、「わたくしは国つ神で、名は井氷鹿《いひか》と申します」と名のった。これが後の吉野の首《おびと》らの祖先である。また同じような尾の生えた国つ神が巌を押し分けて出て来た。これが吉野の国栖《くず》の祖先である。

そこからさらに宇陀《うだ》に入ったが、兄宇迦斯《えうかし》と弟宇迦斯《おとうかし》の二人の兄弟の豪族が、その地を支配していた。そこでまず八咫烏《やたがらす》を遣わして、二人に恭順をすすめた。ところが兄宇迦斯《えうかし》は、鳴鏑《なりかぶら》の矢で烏に射かけ、追いかえした。

彼は皇軍を迎え討とうとしたが、軍が集まらない。しかたなしに、わざと降参したように見せかけ、大きな御殿を作り、その中に押機《おし》（踏むと落ちこんで上から押しつぶすしかけ）を設け、天皇を迎えようとした。ところが、弟宇迦斯がこのことを天皇に内通したので、大伴連《おおとものむらじ》の祖先の道臣命《みちのおみのみこと》と久米《くめの》直《あたえ》の祖先の大久米命《おほくめのみこと》との二人が、早速兄宇迦斯を召し、「さあ、お前が造った御殿にまずお前自身が入れ」と詰めより剣の柄を握りしめ、矛や弓矢をかまえて、彼をその御殿の中に追い入れた。そこで兄宇迦斯は、自分の作った押機《おし》に打たれて死んでしまった。それに従う賊どもも、みな斬り殺されてしまった。それ以来その地を宇陀の血原《ちはら》と呼ぶようになった。天皇は弟宇迦斯の功を讃《ほ》め、猛田県《たけだのあがた》主《ぬし》に任じた。これが後の宇陀の主水部《もいとりべ》の祖先である。

そこからさらに進んで、忍坂《おさか》の大室《おおむろ》（竪穴住居《たてあな》）の部落に到着した時、尾のある土蜘蛛《つちぐも》（土蛮）の八十建《やそたける》（数多くの豪族）がこれを待ち撃とうとしていた。そこで天皇は、彼らを酒宴に招待し、油断させて一挙にみな殺しにした。その時歌った歌が、有名な久米歌《くめうた》であり、後の大嘗祭《だいじょうさい》に、久米部《くめべ》の舞人《まいびと》によって舞われた久米舞の歌詞となった。

忍坂《おさか》の大室屋《おおむろや》に　人多《さわ》に　来《き》入り居り　人多に　入り居りとも　みつみつし　久米《くめ》の子がくぶつつい　石つついもち　撃《う》ちてしやまむ　みつみつし久米の子らが　くぶつつい　石つついもち

今撃たば善《よ》らし

（忍坂の大きな竪穴の住居に、どんなに大勢の人が入って来ていても、勇猛果敢なわが久米部の兵士が、頭椎《くぶつつい》の太刀〈柄頭《つかがしら》がツチの形をしている刀〉、特に石の柄頭の太刀を持って、撃滅してやろう。今こそ好機到来だ）

この前後にも同じような「久米の子ら」の勇壮な歌があり、これらはみなかつての久米部の兵士達の軍歌であったらしい。

天皇の軍は進んで、遂に最大の強敵長髄彦を撃った。戦が不利のとき、にわかに天が暗くなり氷雨《ひさめ》（ひょう）が降り、金色の不思議な鵄《とび》が天皇の弓の先に止まり、敵軍はその光に目がくらんで戦うことができなくなった。

長髄彦は、先に天つ神の御子の櫛玉饒速日命《くしたまにぎはやひのみこと》を迎えて君として奉じていた。『日本書紀』によると、この神は天《あめ》の磐船《いわふね》に乗り、大空から大和を見おろしながら降りており、それによって「そらみつ」

大和《やまと》の国と呼ばれるようになったという。

この神が天《あま》つ神の御子《みこ》である証拠として、天《あめ》の羽羽矢《ははや》と歩靫《かちゆき》とを持っているというので、天皇も進んでこれに会い、相手の宝を見せて貰い、自分も同じく天の羽羽矢と歩靫とを見せ、双方共天神の御子であることを、確認し合った。

饒速日《にぎはやひ》は長髄彦が凶猛であるのを見てこれを殺し、天皇に帰順した。これが物部《もののべ》氏の祖先である。その後、なお方々の土蜘蛛《つちぐも》族を殺し、中《なか》つ国《くに》を平定し、大和の橿原《かしわら》に宮殿を建て帝位についた。これが第一代の神武天皇である。

天皇は日向にいたとき、隼人の族長阿多の小椅君《おばしのきみ》の妹の阿比良比売《あひらひめ》を妃とし、二人の皇子もいたが、大和に到着してから、また大后《おおきさき》を求めようとし、大久米命《おほくめのみこと》に探させた。

大久米命がやっと探し当てたのは、三島《みしま》のミゾクヒの女《むすめ》で、セヤダタラヒメのさらに女《むすめ》にあたるヒメタタライスケヨリヒメという美人であった。彼女は、母のセヤダタラヒメが厠《かわや》に入ったとき、大和の三輪の大物主《おほものぬし》が、丹塗矢《にぬりのや》（赤く塗った矢）になって、厠の下の溝《みぞ》から流れて来、乙女のホトを突いて、男と化し、結婚して、生まれた子であった。『日本書紀』では、この大后の名はヒメタタライスズヒメとなっている。

この神武天皇の即位は、『日本書紀』によれば、辛酉の年一月元旦ということになっている。最初の天皇なので、始馭天下天皇《はつくにしらすすめらみこと》という讃え名がある。神武天皇というのは、漢風の諡号《おくりな》で奈良朝になってからつけられたものである。

この即位の辛酉の年というのは、推古朝以後中国から輸入された卜占《うらない》の思想であった讖緯《しんい》説によるもので、辛酉は易姓革命の年とされているからである。この年月は後世の歴史編纂者達が、こうした卜占の暦法の思想に基づいて、適当に割りふったもので、史実とは言えない。

皇軍の大和入り以後は、神武天皇よりもむしろ道臣命と大久米命、およびその部下の軍団久米部の活躍の歌物語となっている。この久米歌の所作《しょさ》である久米舞は、もとは統帥者の久米氏が衰えてからは、道臣命の子孫である大伴氏および佐伯氏がこれを受け継ぎ、大嘗祭の豊明節会《とよのあかりのせちえ》に行なわれた。この歌舞にまつわる賊討滅の物語などは、本来はそれぞれ独立した説話であったろうが、やがて東征説話と結びついて語られるようになったものらしい。

久米部は久米人《くめびと》の軍団で、『日本書紀』によると、畝傍山《うねびやま》の西の川辺の来目邑《くめむら》、『倭名抄』に大和高市郡久米郷《くめのさと》（後世高市郡白橿村大字久米）とある地に置かれた。彼等は佐伯部とならんで宮門を守る衛兵であったらしい。この久米歌は、『日本書紀』にはすでにこれに手ぶりが伴ない、楽府（宮廷の歌舞音楽を掌る役所）の芸能となっていることが記されている。

尾のある人の登場と帰属の話は、この吉野の山奥が、国栖《くず》と呼ばれた未開の民が住む蕃地であったことと関連していよう。国栖は、『応神記』によると、性質が淳朴《じゅんぼく》で、常に山の果実を食い、またガマを煮て食べ、好物としているという。恐らくこの蕃人の祖先ならば、かつては実際に、猿のように尾が生えていたのであろうという、想像から出た話であろう。この国栖も、大嘗祭には、舞を奏した。

八咫烏がエウカシに帰順をすすめたのを、矢で追いかえす話は、天若日子《あめわかひこ》の雉の話と似た話である。天つ神の使者としての烏を、矢で追い返したため、神罰で死ぬ不信心な男の民譚であったのであろう。

金色の鵄《とび》の話は、戦前には金鵄勲章《きんしくんしょう》の名と結びついて、良く知られていた。この鳥は天照大神から派遣されたことになっているから、一種の太陽神の象徴なのであろう。古代のエジプトの日神ホルスの象徴として、有翼太陽円盤《ゆうよくたいようえんばん》（円盤に鳥の翼のついている形のもの）があり、それが戦いの時、天降って来て、王の敵を討ち滅ぼしたという伝説がパピルス文書に記されているが、金の鵄もそれと似た機能を持っている。古代人は天空を馳ける太陽を、素直に、光り輝く金色の鳥という形で考えたのであろう。これが一転すると、太陽神自身というより、その使者の形となる。

饒速日《にぎはやひ》の話は、恐らく物部氏の氏族伝説から採られたのであろう。『日本書紀』ではこのミコトの天降りの記事は簡単であるが、物部氏の家記の一部を素材としたらしい『旧事本紀』には、このミコトが、船長《ふなおさ》・梶取《かじとり》・船子《ふなこ》らを同乗させ、多くの群神、五部造《いつとものみやつこ》、二十五部《はたちあまりいつとも》の天《あま》つ物部《もののべ》を率いて、天《あめ》の磐船《いわふね》に乗り、威風堂々と河内の哮峰《いかるがのたけ》に天降っていて、一種の天孫降臨のような形を取っている。そしてその系統は、オシホミミの御子で、ホノニニギの兄とされ、尾張連《おわりのむらじ》の祖先の天火明命《あめのほあかりのみこと》と同じ神とされている。ホアカリノミコトは、尾張氏系統の豪族が奉じる太陽の神で、天照御魂神《あまてるみたまのかみ》と呼ばれていた神であるが、ニギハヤヒとは全く別者である。

ニギハヤヒの持って来た神宝は、『旧事本紀』によると、なお他に十種《とくさ》の天璽《あまつしるし》の瑞宝《みずたから》というものがあった。この十種とは、オキツ鏡、ヘツ鏡、八《や》握剣《つかのつるぎ》、生玉《いくたま》、死　返玉《しにかえしのたま》、足玉《たるたま》道　反玉《ちかえしのたま》、蛇《へみ》の比礼《ひれ》、蜂《はち》の比礼、品物《くさぐさ》の比礼の十種で、天《あま》つ神の御祖神《みおやがみ》が、ミコトにこれを授け、「この宝を、一二三四五六七八九十と唱えて、ゆらゆらと振れ。そうすれば死人さえ復活するだろう」と詔《みことのり》したという。そしてこのミコトの子のウマシマヂノ命《みこと》が、これを神武天皇と皇后の御魂《みたま》のタマフリの行事に使ったのが、宮廷の鎮魂祭の起源となったとされる。この神宝は、いずれも重病人や瀕死の人の魂を呼び戻し、復活させる起死回生《きしかいせい》の呪物《じゅぶつ》であった。これらは例の高倉下の献上した霊剣フツノミタマとともに、永く大和の石上神宮《いそのかみじんぐう》の神宝とされた。

宮廷の鎮魂祭の行事は、前に天石屋戸《あめのいわやど》の話でも述べたように、アメノウズメを祖先とする猿女君《さるめのきみ》の系統の儀礼なども重要な構成要素をなしているが、また一面にその時歌われる歌に、「石上《いそのかみ》　振《ふる》の社の太刀《たち》もがと、願ふその児に、その奉る」という石上の剣の歌もあることや、一から十まで数えることなどから見て、こうした物部系の儀礼も含まれていたことは確かであろう。

以上を見ても、神武天皇の事績が、数多くの氏族伝承から成り立っていることは、明白であろう。宮廷に仕える、大伴、物部などの豪族の朝廷奉仕の由来話に、熊野や吉野などのローカルな口碑をも加え、建国の英雄とされるイハレビコの長い東征の物語にまとめていったのであろう。その大和における武勇譚の中核部分が、宮廷の大嘗祭で演じられた久米舞などからでき上がったことは間違いない。

この部分の成立は、大伴氏や物部氏が政治上の実権を握っていた五世紀後半から六世紀中葉頃までの体制に基づいたものと考えられるが、熊野迂回の話などは、これよりずっと遅れ、七世紀初め頃つけ加えられたのではないかと考えられる。いずれにしても、この東征譚は、まず天孫の日向降臨に続いて、日向三代の物語があり、この皇室と隼人の共通の先祖の地とされた南九州と、現実の大和を根拠地にする大和朝廷とを、結びつけるために作り出された物語である。従って日向神話は隼人の服属によって、皇室の祖先譚として持ちこまれるに至った後の第二次的産物であることは間違いなかろう。

こうして見ると、この東征譚が、歴史的事実でないことは、言うまでもないが、しかし、そうした長い遠征物語の根底に、何等かの史実の中核、たとえばある文化や武力を持った集団の移動などが、全くなかったかどうかについては、何とも言い難い。『日本書紀』や、『延喜式』によると、その御陵は、大和の畝火山《うねびやま》の北にある畝火東北陵がこれであると記されており、少なくとも奈良時代には、神武が第一代の天皇であるという知識は一般化していたことが判る。

壬申の乱の時も、大和の事代主《ことしろぬし》と生霊神《いくむすびのかみ》とが天武軍に託宣を下し、神武天皇の御陵に馬とたくさんの武器とを献上せよと命じている。

これがどのくらい溯れるものかは不明であるが、『日本書紀』継体朝二十四年の詔勅に、「磐余彦《いはれひこ》の帝《すめらみこと》・水間城《みまき》の王《おほきみ》より、みな物知れる臣、明哲《さか》しも佐《たすけ》に頼《よ》る。云々」と記されているのが、もし史実に近いものとすれば、六世紀中葉には、この伝説の中核は成立していたことになる。『宋書』に見える、五世紀末葉の倭王武（たぶん雄略天皇）の宋に出した上表文に「昔より祖禰《そでい》躬《みづか》ら甲冑をつらぬき、山川を跋渉し、処を寧《やす》んずるに遑《いとま》あらず……」と記されていて、建国の祖先が山河を跋渉して、各地を征討したことが強調されている。こうした古い創業時代の記憶が、全くなかったとは言えない。こうした記憶と、日向原郷説とが結びつき、これに久米舞由来譚《くめまいゆらいたん》などが結びついてできたのかも知れない。

この他、考古学的な見かたから、弥生式時代の北九州の銅剣・銅鉾文化をもつ人達が、近畿の銅鐸文化を持つ人達を征服した史実の記憶であろうとか、『魏志』倭人伝の、北九州の耶馬台国《やまたい》が東遷したのであろうとか、南九州の投馬《とうま》国や狗奴《くな》国が東遷したのであろうとか、いろいろな説が出されたのであるが、真相はさっぱり不明である。

いずれにしても、この説話ができたのは、日向神話が朝廷に入りこんだ後のことであり、また出雲神話が朝廷に入りこむ前であったと思われる。私は日向神話の朝廷受け入れは、多分五世紀初頭、出雲神話の採用は多分七世紀中葉と思っているから、その中間であろうと思っている。この神武説話は、日向からの東征の出発を、前提としているから、日向神話がなければ成立しない。また、もし出雲神話が知られてから後ならば、東征の途中で出雲に立ち寄らないはずはないのである。

# 日本神話

## 一　書かれた神話

従来、一般に、ギリシャ神話が文学的、北欧神話が哲学的、インド神話が宗教的なのに対して、日本神話は国家的であるのが特色であるといわれてきた。多くの詩人、文人などがまとめたギリシャ神話が文学的なのは明白であるが、北欧神話とインド神話は、果たしてそう特色づけられるかどうかは問題である。

天つ神のアサ神族と、これに反抗する巨魔族との、深刻な闘争を物語る北欧神話は、最後に両者が相撃ちになり、世界が破滅するラグナリョック（神々の黄昏《たそがれ》）の神話があり、これはむしろ一面に宗教的終末観の特色が出ているとも言える。宇宙の主シヴァが冥想するヨーガ行者の姿で表わされたり、神の子クリシュナの口の中に宇宙が表現されたりするインド神話は、宗教的である反面、哲学的でもある。むしろ人によっては、熱烈な予言者イザヤなどのヤーヴェ信仰によって満たされたヘブライ神話こそ、最も宗教的だと言うかも知れない。

事実、神話というものは、古代人にとってその世界観・人生観の端的な表われであり、彼等の宗教・哲学・社会学・文学・政治学・経済学などの一切であった。神話の中で、神々が行なったいろいろの行為によって、現在の人間社会のすべての秩序や文化、また現在の宇宙・自然・国土が、始まったとされ、これが後世までの規範（手本）とされている。そして、現在の秩序や存在は、この神々が世の初まりにおいて行なったそのままの形を絶えず回想し、これを永久に保持してゆかねばならないとされるのである。そしてその原理を明らかにし、その効果を永続させようとする手段が神話である。従って、一つの神話が、宗教的でもあれば、同時に政治的であったり、文学的でもあったりしても、一向に不思議はない。

宇宙・自然などの存在の由来を語るという意味では哲学的、氏族や国家の起源を語るものは政治的、神々の行為を語り、これを神聖な手本とするという面では、宗教的であると言える。いずれにおいても、これらの神話に語られている内容は、実際の歴史的な事実とは、無関係なことであっても、人々は真面目にこれを本当にあったことと信じ、それがあるが故に、現在の制度や祭りなどもあるのだと信じていたのである。

ましてや、原始民族などでは、政治も宗教もはっきり分かれず、首長や部落の長老などは、支配者でもあると同時に司祭としての面も兼ね、また文芸の保持者でもあったから、彼等の神話が、多くの要素を兼ね具えたとしても、不思議はない。

しかし、そうはいうものの、民族性や風土、また社会の発達段階によって、多少それらの要素の割合も違うようである。ことに、神話が素朴な口承時代を通り越して、文筆にまとめられ、これを伝承するものが、複雑、高度な社会の特別な部門を担当している存在や、特別な階級のものに限定せられるようになると、その伝承者・筆録者の性質・機能に従って、いろいろな特色が出て来る。

ギリシャ神話（それも完成期の）が文人、インド神話が司祭、のそれぞれ伝えたものだから、その特色が出ていることは言うまでもないが、では日本の神話はどうであろうか。

日本の神話は、確かに国家的・政治的である。そして、その理由としては、これを語り出した人達が、国家的・政治的な機構にいた貴族達であったからなのである。

日本神話というと、普通、『古事記』、『日本書紀』、『風土記』、『古語拾遺』、『万葉集』、『先代旧事本紀』の中の物部氏の伝承、および『延喜式・祝詞』など、奈良時代から平安の初め頃までに編纂された古典的作物に見られる神々の伝承を指すのである。ことに『古事記』と『日本書紀』とは、共に大和朝廷の歴史編纂事業によって成立した、歴史書の体裁を取っているため、人代の歴史の冒頭に、神代《かみよ》という始源の時代を置き、あらゆる神々の活動をその中にまとめて語っていて、典型的なパンテオンの世界が描かれている。これこそ最も公認された大和朝廷の神話であった。

この神話に描かれている世界は、驚くほど秩序整然とした階層的・国家的社会である。天上の高天原には天つ神がおり、その最高支配者に皇室の祖先であるアマテラスと外戚のタカミムスビがいて、大きな宮殿の高御座《たかみくら》に座し、そのまわりに中臣、忌部、大伴などの大和朝廷の重臣達の祖神達が侍っている。

これに対して、地上には多くの国つ神がおり、山川湖沼などにはみな神や精霊が住んでいた。この世界は葦原の中つ国と呼ばれ、人間や動物の住む世界であった。

これに対して、地下には死者の霊魂の往く暗黒の黄泉《よみ》の国があり、恐ろしい女怪ヨモツシコメや蛇体の八雷《やついかづち》なども おり、これを黄泉神《よもつかみ》が支配していた。この他、海のかなたの仙境常世《とこよ》の国や、海底の魚属の国ワタツミの国などもある。

天上、地上、地下の垂直的な世界観は、シベリアなどの北アジア的な世界観と同じ形のものであるし、海上の島や海底の竜王の国などは、南アジア的な信仰の所産だとも言われる。

しかし、これらの世界を究極的に支配・統一するのは、高天原パンテオンの主神のアマテラスとタカミムスビであった。二神は国つ神の統領のオホナムチに国土を献上させ、皇孫を天降りさせ、中つ国の支配者とした。

海神の国では、そこの王女が皇統の皇子の一人と婚し、その間に生まれた御子が、天皇家の祖先となるのである。

しかも、こうしたいろいろな世界の神々や精霊も、究極には統一的な系譜をもって連なっている。イザナギ・イザナミが、海、山、水門《みなと》、川などの神を生み、また高天原の主アマテラスの父母となり、またイザナミは黄泉大神《よもつおほかみ》となっている。また国つ神の統領オホナムチはアマテラスの弟スサノヲの子とされている。すなわちすべての神々、すべての世界が、高天原パンテオンの神々の系譜の中に関係づけられ、またそれらの神々は、いろいろな氏族の氏神であることが記されている。言いかえれば、すべてが皇室の系譜の中に位置づけられている。

説話と説話との結びつきかたでも、記紀（古事記・日本書紀）の神代の巻の構成は、単にばらばらの神話を寄せ集めたのではない。あまりにもみごとな筋のはこびであり、一切の説話が最後の建国の由来を語る天孫降臨や、皇位の起源を語る神武天皇譚などの、中核的な王権神話の展開のための伏線・前提となっているのである。

一つの説話がそれだけで終わらず、その結末が次の説話を導き出す動機となり、またその説話の結末がさらにその次の説話を導き出す動機になるというわけで、互いに原因・結果の関係となって、縦に時間的に並べられ、それが天地の開闢《かいびゃく》から天孫降臨、神武の即位まで続いている。たとえば、イザナギの禊《みそ》ぎにより三貴子が誕生し、その分治が決まると、それが次のスサノヲの天上荒らしとアマテラスの岩隠れの説話を導き出す動機となり、その岩隠れの話がきっかけとなってスサノヲの出雲下りと八俣大蛇《やまたのおろち》の説話が導き出され、大蛇の尾から出た草薙剣《くさなぎのつるぎ》をアマテラスに献上するという結末となり、アマテラスは皇孫にその剣を含めた神器を持って天降らせるという天孫降臨神話が語られているのである。

言いかえれば、アマテラスの岩隠れがなければ、スサノヲの出雲下りや大蛇退治は行なわれなかったし、また大蛇退治がなければ、剣の献上もないことになるから、天孫がこれを持って天降るということもないわけである。

前に述べたように、天の石屋戸《あめのいわやど》の神話は、もと伊勢方面の海人《あま》達の伝えていた太陽祭の縁起譚であり、八俣大蛇は出雲地方の民俗起源の説話である。イザナギ・イザナミの国生みは、淡路方面の海人の国土創成譚である。これらの起源的には全く関係のない数多くの説話どうしが、このように前後・首尾をつなげられて、配列され、建国の由来、王朝の起源を説く、天孫降臨、および神武東征の神話の前提・伏線となっているのである。これを貫く理念は、「日の御子による国土の統治」という国家的思想であることは、確かである。

これほどの整然たる神話体系は、他のどの民族の神話にも存在しない。こうした特徴の理由としては、津田左右吉《そうきち》氏や松村武雄氏なども述べているように、これらの体系が、当時いろいろな氏族や土地の伝承を、ただ漫然と集めたというのではなく、またいろいろな土地の伝承が自然に集まってできあがったというのでもなく、ある時期に、大和朝廷の特別な貴族が、人為的に手を加えて、多くの素材を、こうした形に配列し、潤色したことによるものであろう。つまり、日本神話の体系化は、皇室を中心とする中臣、忌部、大伴などの貴族が、歴史編纂事業の一環として神話をまとめ上げたことによるのである。『古事記』の序文に、天武天皇が諸家の伝えた帝紀や本辞にいろいろと虚偽が多くなったので、「邦家の経緯、王化の鴻基《こうき》」すなわち国家・皇室の淵源を明らかにするため「帝紀を撰し、旧辞を討覈し、偽りを削り、実を定める」ため、『古事記』を撰録したという記事があるのは、その表われである。

日本神話の内容は、一言で言ってしまえば数多くの氏族神話の大和朝廷的総まとめであると言ってよいであろう。決して民間に伝承された素朴な自然伝承や風土伝承ではない。もちろん、素材としては、国生み神話や因幡の白兎のような民間発生のものも多いが、一旦豪族の手を通じて、朝廷に吸い上げられると、たちまち国家的色彩のものに変容され、その主人公《ヒーロー》は素朴な漁民や農民の神であることをやめて、国家的英雄神となり、皇祖神と何等かの血縁や親縁の関係を持つ存在となる。

日本の神話に、ほとんど自然神話らしいものが少ないのも、そうした理由であろう。顕著な自然神話といえば、せいぜいツクヨミがウケモチを殺したので、アマテラスが怒ってツクヨミと別居することとなり、昼と夜と相離れることになったという日月離反の神話や、アマテラスが岩屋にこもって天地が暗くなるという天の石屋戸《いわやど》の神話くらいのものである。しかも天の石屋戸などは、大神を岩屋から引き出すために、中臣、忌部、猿女などの祖神たちがいろいろと役を分担して祭りをしているところなどは、もとの太陽神話とは何の関係もなく、これらの氏族が宮廷で天皇に奉仕し、祭りを分担している形を神話に反映させたに過ぎない。

星の神話が少ないのも、氏族との関わりがなく、国家的意義もなかったからであろう。星の神は、古典では、アマツミカボシまたはカガセヲが邪神で、天つ神の命に順わないので、アメノハヅチを遣わしてこれを討滅させたという記事が『日本書紀』に見えるだけである。

アマテラスなども、むしろ太陽神としての面よりは皇祖神としての面を、古典神話では強調されている。天孫降臨や神武東征では、群神を派遣して邪神や賊徒を討滅させる最高の司令者としての資格が強調されている。

古代には各地に太陽神アマテル神、アマテルミタマノ神を祀ったと思われる部曲日奉部《ひまつりべ》（日祀部）もあり、天照神社や天照御魂神社もあり、また月神ツクヨミやツキミタマノ神を祀った月読神社などもあった。これらは必らずしも官府《かんぷ》のアマテラス大神やツクヨミと同じではなく、農民や漁民の神であった。これらの民間の神には恐らくそれぞれ神話もあったであろうが、記録にはされていない。

日本には、他の民族と同じように、かつては各地に自然神話があったらしいことは、後世の伝説・口碑に、それらの断片が発見されることでも判る。日光二荒山《ふたらさん》の縁起《えんぎ》などに、二荒山の神と赤城山《あかぎ》の神とが、中禅寺湖を挟んで大決戦をし、前者は大蛇、後者は大蜈蚣《むかで》となって闘い、双方の流れた血で水が赤くなったから地名を赤沼といい、山を赤城山、麓の温泉を赤比曽湯《あかひそゆ》というようになったという話は有名である。これは北関東から東北まで拡がっている伝説である。また信州に広く語られている、泉小太郎、小泉小太郎、泉小二郎などという英雄が犀竜《さいりゅう》に乗って山や谷を蹴やぶり、河川を押し流し、湖沼地帯を乾して平野にしたという、いわゆる蹴裂《けさき》伝説なども有名である。また東北の伝説に、十和田湖の主であった大蛇八郎太郎《はちろうたろう》と、熊野の行者南祖坊《ぎようじやなんそぼう》とが闘い、南祖坊の法力に負けて、八郎太郎が逃げ出し、八郎潟《はちろうがた》を造って、そこの主《ぬし》となったという話も名高い。

このような説話は明らかにもとは自然神話であったと思われるが、いずれも古典神話には片鱗も現われない。これらは古くから民間には広く知られていたであろうが、特別な氏族などが関与することなく、また従って朝廷にこれが採り上げられる機会も、また必要性もなかったのである。

神代史に活躍する神々は、みな出雲を除いては、ほとんどが畿内およびその周辺の地域の神々ばかりであり、またこれを奉戴する氏族が、朝廷と関係の深い、中臣、忌部、大伴、物部、猿女などの有力豪族ばかりであることも、みな同じ理由である。

日本の神話には、善悪・正邪の意識がそれほど明白でない。悪神・邪神と名づけられるものも、多くはアマテラスを中心とする高天原の天つ神の意志と秩序に従わないということの故に、邪神とされているに過ぎない。すなわち国家的見地から「まつろはざる者」が邪神とされるのである。

反対に、天つ神側に立つ者にとっては、神武東征譚などに見るように、敵を宴会に招待し、相手が心を許して老幼も集って喜び楽しんでいるところを、いきなりだまし撃ちにするという、非人情的な行為も、悪とは見なされないのである。

このような国家性・政治性という特色は、『記』『紀』ばかりではなく、多少の程度の差はあるにせよ、他の古典、たとえば『風土記』や『延喜式祝詞』あるいは『万葉集』にさえも顕著に見られるのである。『風土記』は朝廷が諸国の官衙《かんが》に命じて編纂させたもの、『延喜式祝詞』は朝廷およびこれと関係する古社の祭りの呪詞《じゅし》であるし、『万葉集』は宮廷貴族の編集したものであるから当然のことであった。

しかし、このような国家性・政治性とは言っても、これを現代人ふうに合理主義一本槍で割り切って考えることは問題であろう。すでに素朴な口承時代を過ぎ、文筆による記載と、いろいろな加筆や削定《さくてい》なども行なわれた、いわば「書かれた神話」の時代であるから、もはや純粋な宗教的機能を持つ「生きている神話」ではなくなっていることは本当であるが、それにしても、律令時代や万葉時代の日本人は、まだまだ古い信仰を持ち、一面に「神話的思惟《しんわてきしい》」を行なっていたのである。

彼等は古い神話的素材を採り上げて宮廷ふうに潤色し変容させたとは言いながら、なお自らの手を入れた神話の内容を信じ、祖先の功業だと考えて怪しまなかったのである。万葉人が「大君は神にしませば　天雲の　雷《いかづち》の上に　いほりせるかも」と歌い、「やすみしし　わが大王　神ながら　神さびせすと……山川も　よりて奉《まつ》れる　神の御代かも」と歌ったのは、単なる文飾や比喩でなく、実際に天皇をそうした「日《ひ》の御子《みこ》」であると信じたからであろう。

天皇の宣命《せんみょう》などにも、「明《あき》つ御神と大八洲国《おおやしまぐに》治《し》ろしめす　すめらみこと」という名乗りから始まり、自らを神の化身《インカーネーション》であるとする意識が見られる。古代のアレキサンダー大王やダリウス大王のような実在の王者が、自らを神の化身と信じたことは有名である。日本の天皇も、そうした存在であった。

日本でも古い時代には、政治はマツリゴトと呼ばれているように、祭政一致の体制であり、政治的でもあると同時に宗教的でもあった。天皇家にしても、中臣や忌部、物部などの豪族にしても、政治上の支配者であると同時に宗教的な司祭家でもあったのである。

## 二　古代人の明るさと素朴さ

日本神話は、このように国家的な色彩が濃いといいながら、一面に不思議とどこか明るさと素朴さとを湛えているのである。これは驚くべきことかも知れない。

日本の神話には、北欧の神話やペルシャの神話、ヘブライの神話のような、暗い陰惨な終末観はない。葦原の中つ国は、永遠に朝日・夕日の照らす陽光の楽土として讃えられ、神も人も「あな面白《おもしろ》、あなさやけ、をけ」（『古語拾遺』）と喜び踊る国土なのである。

死霊の往く黄泉《よみ》の国は、醜怪《しゆうかい》なヨモツシコメや、蛇体の八雷がわだかまる、暗黒の国であるが、その具体的な描写は何もない。そこに住む冥府の女あるじイザナミも、決して北欧の女怪ヘルのような、体の半分が赤く、半分が青い、やせさらばえた物すごい形相ではない。日本人は死の世界などにはおよそ無関心であったのである。

日本人は悪とか罪とかについての深刻な反省はない。悪や罪は、前に述べた反国家的な行動か、さもなくば不潔で汚穢《おあい》なものを指していた。大祓《おおはらえ》の祝詞に挙げられている天《あま》つ罪と国《くに》つ罪は、殺人、所有権侵害のような法律上の犯罪と、病気や災厄のような、いわば災難にあたるものとを、一括して含めている。殺人罪も「人を殺す」ということが道徳的に悪いと考えられたというより、不潔な「血の汚れ」を伴なう行為だから、罪なのである。

従ってそれからの解放は、決してヘブライのようなざんげや、インドのような冥想や苦行によらない。禊祓《みそぎはらえ》というような単純な呪術儀礼で、さっさと済ませてしまうのである。こうした光明第一主義は、総体的に善と悪の深刻な対立や応報の思想などが、あまり発達しない理由となる。

天つ神とこれに反抗する邪霊との闘争は、具体的にはほとんど描かれず、いずれもほとんど無雑作に天つ神の勝利に終わっている。神と魔神とが共に傷つきたおれるというような悲劇的なテーマは何一つない。徹底した楽天主義である。

日本神話の単純・素朴・明朗に満ち、ユーモアに富んでいるのは、賀茂真淵や本居宣長などの近世の国学者達が論じたように、日本人の性情が古来「清く明き直《なお》き心」を重んじたからであるといわれる。

イザナギ・イザナミの国生みの際の「あなにやし」の唱和や、裸体のままでの天《あめ》の御柱《みはしら》めぐり、あるいは天の石屋戸の際の、ウズメの裸体の踊りなど、およそ古代人らしい素朴なユーモアと健康なエロティシズムが含まれ、これがいかめしい国家的な神話のテーマに結びついて語られていることは、全く意外なように見える。後世のアマテラスの神鏡をまつる内侍所《ないしどころ》（賢所《かしこどころ》）の神事芸能として、平安時代に作られた内侍所神楽《かぐら》でさえ、そこに登場する才の男《お》の芸が、すこぶるおどけた散楽《さんがく》ふうのものであったことは、『古事談』の中で、才の男に選ばれた家綱と行綱の兄弟が下半身を露出させて、庭燎《にわび》のまわりをまわったという説話に見られるように、一面に素朴なユーモアをたたえていたことが判る。

厳密な合理主義・現実主義の民族なら、固苦しい一方の建国由来譚を作り上げるであろう。儒教的合理主義の中国人は、神話を「怪力乱神のもの」として信ぜず、歴史は「人間の帝王」の歴史から始まったと信じていた。従って伏羲《ふくぎ》とか女媧《じょか》のような、ちょうど日本のイザナギ・イザナミに当たるような国土創造の神を、さっさと古代の帝王の一人に加えて人間化してしまったし、同様に一種の竜蛇の神であった禹《う》や、農神であった神農なども、合理化して、聖賢の徳を具えた王者としてしまった。中国の儒教的合理主義に基づく国家の制度を採用し、またその歴史編纂の方法を採用したわが古代人も、彼等が長年持ち伝えていた神話の非合理性・素朴性まで、一切否定し去るほど徹底したものでもなかった。表面は国家的・合理主義的な形に直しはしても、やはり素朴な明るさを湛えた古代の伝承は、ある程度古い形を持続して記録されたのであろう。これは日本人が、外国の文物を輸入する場合に常に行なっている取捨選択の方法であった。

このような日本神話のもつ性格、また日本人そのものの心情は、私は多分日本の国土の温暖な風土的条件と、また加えるに島国であるため、大陸からの侵略におびやかされることがなく、比較的平和であったという歴史・社会的条件に、その原因を求めることができるのではないかと考えている。

神と巨魔との深刻な対立を説く、北欧やイランの神話は、季節によって寒暖の差がひどく、生活も困難であることに負うているし、世界の破局とメシアの来臨を叫ぶヘブライ人の神話は、バビロニア、アッシリア、ペルシャ、ローマなどの数々の強大なる隣国の侵略と圧制に泣かなばならなかったその民族の追いつめられた心情を反映している。

日本人は、その意味では幸福であったのであろう。現実の国土を美しとし、光明にのみ眼をそそぐことができたわが古代人は、最も幸福な平和人であったのかも知れない。

そういう意味では、これからも日本人は永久に平和人でありたいと念願するものである。

# 日本神話の主な参考文献

日本神話の研究書や論文はぼう大な数にのぼり、ことに最近では、汗牛《かんぎゅう》充棟《じゅうとう》という語が当てはまるくらいたくさんのものが出ている。ここでは、この本の内容に関係ある代表的な著述だけに限ってあげておく。単行本だけにとどめ、また洋書はのぞいた。

青木　紀元　『日本神話の基礎的研究』　昭和四十五年　風間書房

池田　源太　『伝承文化論攷』　昭和三十八年　角川書店

石田英一郎　『桃太郎の母』　昭和三十年　法政大学出版局

石田英一郎・江上波夫・岡　正雄・八幡一郎　『日本民族の起源』　昭和三十三年　中央公論社

井上　光貞　『日本の歴史(1)―神話から歴史へ』　昭和四十年　中央公論社

井上　実　『出雲神話の原像』　昭和四十七年　三省堂

上田　正昭　『日本古代国家成立史の研究』　昭和三十四年　青木書店

『出雲の神話』　昭和四十年　淡交社

『日本古代国家論究』　昭和四十四年　塙書房

『日本神話』　昭和四十五年　岩波書店

上山　春平　『神々の体系』　昭和四十七年　中央公論社
梅沢伊勢三　『古事記・日本書紀』　昭和三十二年　三一書房
大林　太良　『日本神話の起源』　昭和三十六年　角川書店
『葬制の起源』　昭和四十年　角川書店
『神話学入門』　昭和四十一年　中央公論社
大林太良編　『神話・社会・世界観』　昭和四十七年　角川書店
岡田　精司　『古代王権の祭祀と神話』　昭和四十五年　塙書房
折口　信夫　『古代研究』全三冊　昭和二十九年〜三十年　中央公論社
門脇　禎二　『神武天皇』　昭和三十二年　三一書房
川副　武胤　『日本神話』　昭和四十六年　読売新聞社
倉野　憲司　『日本神話』　昭和二十七年再刊　河出書房
西郷　信綱　『古事記の世界』　昭和四十二年　岩波書店
白鳥　庫吉　『日本上代史研究』上（『白鳥庫吉全集』第一巻）　昭和四十四年　岩波書店
関　　敬吾　『昔話の歴史』　昭和四十一年　至文堂
千家　尊福　『出雲大社』　昭和四十三年　学生社
高木　敏雄　『日本神話伝説の研究』　昭和六年　岡書院
高崎　正秀　『文学以前』　昭和三十三年　桜楓社
武田　祐吉　『古事記説話群の研究』　昭和二十九年　明治書院

津田左右吉　『日本古典の研究』上下巻　昭和二十三年〜二十五年　岩波書店
土橋　寛　『古代歌謡と儀礼の研究』　昭和四十年　岩波書店
土井　光知　『古代伝説と文学』　昭和三十五年　岩波書店
鳥越憲三郎　『出雲神話の成立』　昭和四十一年　創元社
『古事記は偽書か』　昭和四十六年　朝日新聞社
『神々と天皇の間』　昭和四十六年　朝日新聞社
筑紫　申真　『アマテラスの誕生』　昭和三十九年　角川書店
『日本神話』　昭和三十九年　河出書房
直木孝次郎　『古代氏族と天皇』　昭和四十年　塙書房
『神話と歴史』　昭和四十六年　吉川弘文館
西田　長男　『古代文学の周辺』　昭和三十九年　桜楓社
肥後　和男　『日本神話研究』　昭和十三年　河出書房
『古代伝承研究』　昭和十三年　河出書房
『神話と民俗』　昭和四十五年　岩崎美術社
益田　勝実　『火山列島の思想』　昭和四十三年　筑摩書房
松前　健　『日本神話の新研究』　昭和三十五年　桜楓社
『日本神話の形成』　昭和四十五年　塙書房
『日本神話と古代生活』　昭和四十五年　有精堂

松村　武雄　『民族性と神話』　昭和九年　培風館
『日本神話の研究』全四冊　昭和二十九年〜三十三年　培風館
松本　信広　『日本神話の研究』　昭和六年　同文社（昭和四十六年平凡社再刊）
『日本の神話』　昭和三十一年　至文堂
松本信広編　『論集日本文化の起源』３・民族学(1)　昭和四十六年　平凡社
三品　彰英　『日本神話論』（『三品彰英論文集』第一巻）　昭和四十五年　平凡社
『建国神話の諸問題』（『三品彰英論文集』第二巻』）　昭和四十六年　平凡社
『神話と文化史』（『三品彰英論文集』第三巻）　昭和四十六年　平凡社
『増補日鮮神話伝説の研究』（『三品彰英論文集』第四巻）　昭和四十七年　平凡社
三品彰英編　『日本書紀研究』第四冊・神話特集　昭和四十五年　塙書房
水野　祐　『日本神話教育論』　昭和四十六年　帝国地方行政学会
『古代の出雲』　昭和四十七年　吉川弘文館
『出雲神話』　昭和四十七年　八雲書房
三谷　栄一　『日本文学の民俗学的研究』　昭和三十五年　有精堂
柳田　国男　『海上の道』　昭和三十六年　筑摩書房
山上伊豆母　『神話の原像』　昭和四十三年　岩崎美術社
『巫女の歴史』　昭和四十七年　雄山閣
横田　健一　『日本古代の精神』　昭和四十四年　講談社

吉井　巌　『天皇の系譜と神話』　昭和四十二年　塙書房
論集『日本神話』　日本文学研究資料叢書　昭和四十五年　有精堂

# 『神々の系譜　日本神話の謎』を読む

平藤喜久子

世界はどのようにして出来上がったのか、あの山の形にはどのような意味があるのか、川の氾濫はなぜ起こるのか、人はどうやってこの世に現れ、なぜ死ぬのか。死後はどこへ行くのか。こうした問いに神話は答えてきた。それゆえ神話にはわたしたち人類の思考の歴史が刻み込まれている、ともいえるだろう。さらにさまざまな地域文化の神話を見比べてみると、そこに驚くほど似た点を見いだすこともあれば、地域独特の発想と思われるような要素を見つけることもある。そこから遙か古代の人々の交流の様子が浮かび上がったり、その土地の人々の暮らしを思い描いたりすることもできる。神話からわたしたちが学びうることは多い。

神話学は、そのような神話について、主に複数の神話を様々な角度から比較、対照させながら、人類の普遍的な思考や感性、個別の文化の特徴や文化間の交流などを描き出そうとする学問だということができる。

日本神話が神話学の俎上にのせられることになるのは、明治期のことであった。幕末の開国を機に、広く海外にも紹介されるようになったことがきっかけである。一八八二年のB・H・チェンバレンによる古事記の英語訳の出版も後押しすることになった。また海外の神話研究が日本にも紹介され、高山林次郎（樗牛）、姉崎正治（嘲風）、高木敏雄らが日本神話の神話学的研究に先鞭をつけることとなる。彼らは、近代的な神話学を切り開いたマックス・ミュラーの研究が、日本神話に適用できるものなのか、日本神話はどういった方法で研究されるべきか、などをめぐって議論をした。彼らの議論では、とくに神話を自然現象を表現したものであるとするミュラーの影響を受け、スサノオを嵐の神と解釈することの可否を取り上げていたため、「スサノヲ論争」と呼ばれることとなった。

彼らを日本の神話学の第一期とするなら、第二期は一九二〇年代頃から活躍をはじめる松村武雄、松本信広、三品彰英、岡正雄らを代表とする。彼らは人類学、民族学の影響を強く受けており、その影響のもとに、日本神話の起源へと関心を向けた。松本信広はフランス社会学を学び、日本神話に南方の神話の要素があることを論じ、三品彰英はアメリカの人類学を学んで、日本神話と朝鮮神話など北方の神話との比較研究を行った。岡正雄はウィーン学派の歴史民族学の視点から日本文化の複合性を論じた。そして松村武雄は民俗学や心理学などさまざまな方法を渉猟して総合的な日本神話の理解を目指した。

戦後になると、江上波夫が日本にユーラシアの騎馬民族の影響が及んだというい わゆる「騎馬民族説」を提唱し、日本民族のルーツに対する一般的な関心が大いに高まることとなった。そのなかで彼らの日本神話研究も、日本文化起源論を解明する一つの手段として注目されることとなった。そこにあらたな世代の神話学者たちも加わることになる。一九六〇年代頃からを第三期としよう。本書の著者、松前健が活躍するのはこの時期である。ほかには大林太良、伊藤清司、吉田敦彦らが現れた。第二期から積み重ねられてきた日本神話の系統論的研究は、彼らによっていっそう積極的に推し進められた。ジョルジュ・デュメジルの構造論的な分析が取り入れられ、またレヴィ＝ストロースの構造分析なども紹介されて影響をおよぼした。松前には比較宗教学者のミルチア・エリアーデの影響も見られる。河合隼雄をはじめとするユング派やフロイト派の心理学者、精神分析学者による神話分析も行われるようになった。古代史ブーム、神話ブームと言われるなか、彼らの研究は研究者だけではなく、一般の人びとにも広く読まれるようになった。

さて、ここで本書の著者松前健について略歴を紹介しよう。紹介にあたっては、彼自身による伝記である『ある神話学者の半生記―戦場の死線と戦後の苦闘を越えて』（近代文芸社、平成四年）を参考にした。

松前健は、一九二二年に旧朝鮮全羅南道木浦府に生まれ、一九三五年に東京へと移る。一九四三年に國學院大學に入学するが、予科一年で学徒出陣となり、フィリピンへ出兵する。終戦はインドネシア、ボルネオ島で迎え、収容所生活を経て一九四六年に帰国。そののちに復学する。そのときの気持ちを次のように振り返っている。

『古事記』、『日本書紀』などの上代古典を、もっと国際的視野から洗い直し、人類思想史の中の一コマとして捉え実証的な立場から、これらを眺めようというのが、私のいつわらぬ気持ちであった。（『ある神話学者の半生記』より）

こうした希望を抱え、一九五〇年まで國學院大學で学んだ。当時の國學院大學には、著名な民俗学者、国文学者であった折口信夫がおり、松前は彼のもとで神話と儀礼の関係などについて学んだ。この頃から、フレーザーやジェーン・ハリソンなど海外の神話学者の研究についても積極的に学んでいたようである。國學院大學では折口のほかに祭祀考古学の先駆者大場磐雄や、国文学の高崎正秀などにも学び、彼らは卒業後高等学校の教員をしていた松前に、大学院への進学を勧めたという。大学院では神道学の西田長男の指導も受けた。そこで生み出されたのが『日本神話の新研究』（おうふう）であった。海外の研究を受容し、民俗学、歴史学の深い知見と総合させる研究は、この時期に基礎づけられたといえよう。

その後京都市文化博物館（当時平安博物館）、天理大学、立命館大学、奈良大学の教員を歴任する。二〇〇二年に死去するまで、『日本神話の形成』（おうふう）、『出雲神話』（講談社）、『日本神話と古代生活』（有精堂）をはじめとして数多くの著書を刊行している。

松前の研究は、民俗学的研究と歴史学的研究を基本としつつ、さまざまな方法を併用させた多角的な視点に特徴があり、朝鮮の神話との比較でも著しい成果をあげている。

本書『神々の系譜』は昭和四七年（一九七二年）に松前の研究のエッセンスを詰め込んだ日本神話の神話学的研究の入門書として刊行されたものである。以下に概略を示す。

「世のはじめの神々」では、世界の創成神話の研究を紹介しつつ、日本の創成神話を天父地母型の神話を軸としながら、ほかの要素が結びついたものとした。国産み神話については、南方系の神話の要素を認めている。黄泉の国行きの神話についてはもともと淡路島付近で語られていたものが海人の手で畿内や出雲に運ばれ、御霊信仰などさまざまな時代、地域の影響を受けてできあがったものだとした。儀礼や古墳の様子なども比較し、歴史的な手法で黄泉の国の神話の来歴を描き出しており、きわめて興味深い。

「日・月二神とスサノヲの崇拝」でも、その手法は発揮される。アマテラスの原型を漁民の太陽神とし、皇祖神へと高められる過程を描いた。スサノヲについても地域的な海人の神が、出雲で土着の神々の崇拝と結びついていったとする。他方ツクヨミについては、比較神話学的に月への信仰から読み解こうと試みるなど、多彩な手法が用いられている。

「高天原の神話」では、新年祭の儀礼との関係を取り上げている。師の折口信夫の説などを引きながら、アマテラスとスサノヲの対立に儀礼の中の「真王と仮王の対立」をみている。天の石屋の神話についても鎮魂祭との関連を重視する。神話を儀礼との関わりから論じる姿勢がもっとも強く表れている部分だろう。

『出雲神話』（講談社）という著書もある筆者にとって、本書のなかでも「出雲神話の謎」の部分は充実した内容となっている。ヤマタノオロチ神話については、それまでいわれていた人身供儀との関わりではなく、蛇祭りなどの民間祭儀から考えており、稲作の豊穣を願う儀礼が背景にあるとする。オオクニヌシについても、世界各地のイニシエーション儀礼の神話との比較や古代の儀礼との関わり、信仰圏の歴史的な展開など複数の視点から論じられている。

「二つのパンテオン」では、国譲り神話の背景に出雲臣族を中心とする史的事実が反映しているとする立場を示す。そもそも出雲大社の鎮座縁起であったものを、記紀の編纂期に出雲臣族が中央に売り込み、取り入れられ、壮大な「日本国土の国譲り」神話になったのだとする。神話と儀礼、神話と歴史の問題は神話学の歴史のなかでつねに論じられてきたテーマである。出雲の勢力の歴史的なあり方と国譲り神話の関係は、出雲における考古学の発掘の最新の成果なども取り入れながら、あらためて論じ直される必要があるだろう。

折口信夫の学問の影響が色濃くみられるのが「日向神話の世界」の天孫降臨の部分である。ホノニニギの降臨は、大嘗祭、新嘗祭で繰り返される穀霊の儀礼の神話的表現であるとする。それが日向という土地と結びつき、またサルタヒコなど伊勢の地方神とも結びついて、記紀にみられるような形になったのだと述べている。

日向を出発し、熊野を経て大和に入る「神武の東征」では、ローカルな口碑や大伴や物部等豪族たちの氏族伝承など複数の起源をもつ物語から成り立つとし、その歴史的な経緯を論じている。最後に付された「日本神話」は、「一、書かれた神話」、「二、古代人の明るさと素朴さ」からなる日本神話論ともいうべきものである。他地域の神話と伝えられ方や内容などの点で比較し、その特徴を論じた。

日本神話のなかに古代の儀礼や民間の習俗はどの程度反映しているのだろうか。歴史的事実の反映はどこまで読み取れるのか。記紀が描く神代はどのようなプロセスで編纂されていったのか。あらためて神話学者・松前健の遺した課題の多さ、大きさを痛感する。

近年神話学では、遺伝子工学の発展などにより人類史の再建が精緻に行われるようになったことや、情報化の進展により世界中の神話についてのデータベースの構築が可能になったことなどを背景に、神話の比較研究の幅が大きく広がってきている。つまり隣接した地域の神話の類似から考えるだけではなく、遠く離れた地域の神話間の類似についても、偶然という言葉で片付けるのではなく、出アフリカ以降の人類の歩みとの関連も想定されるようになってきた。松前健の遺した課題のいくつかは、将来こうした新しい視点から取り組まれ、論じられていくのではないだろうか。

神話学を志す若い世代が本書を手がかりに、取り組むべき課題を見つけていくことを希望する。

（國學院大学准教授）

本書の原本は、一九七二年にＰＨＰ研究所より刊行されました。

著者略歴

一九二二年生まれ
一九四三年　國學院大学予科入学、まもなく応召
一九四六年　復学
一九五六年　國學院大学大学院修士課程修了
　國學院大学、駒澤大学講師、平安博物館助教授・教授、天理大学教授、立命館大学教授、奈良大学教授を歴任
二〇〇二年　没

〔主要著書〕
『日本神話の新研究』（桜楓社、一九六〇年）、『日本神話の形成』（塙書房、一九七〇年）、『日本神話と古代生活』（有精堂出版、一九七〇年）、『日本の神々』（中央公論社、一九七四年）、『古代伝承と宮廷祭祀』（塙書房、一九七四年）、『大和国家と神話伝承』（雄山閣出版、一九八六年）、『松前健著作集』（全一三巻、おうふう、一九九七―一九九八年）、『古代王権の神話学』（雄山閣、二〇〇三年）

読みなおす日本史


# 神々の系譜
## 日本神話の謎

二〇一六年（平成二十八）二月一日　第一刷発行

著者　松《まつ》前《まえ》　健《たけし》
発行者　吉川道郎
発行所　株式会社　吉川弘文館
郵便番号一一三―〇〇三三
東京都文京区本郷七丁目二番八号
電話〇三―三八一三―九一五一〈代表〉
振替口座〇〇一〇〇―五―二四四
http://www.yoshikawa-k.co.jp/
組版＝株式会社キャップス
印刷＝藤原印刷株式会社
製本＝ナショナル製本協同組合
装幀＝清水良洋・渡邉雄哉




ISBN978-4-642-06597-9

# 刊行のことば

現代社会では、膨大な数の新刊図書が日々書店に並んでいます。昨今の電子書籍を含めますと、一人の読者が書名すら目にすることができないほどとなっています。ましてや、数年以前に刊行された本は書店の店頭に並ぶことも少なく、良書でありながらめぐり会うことのできない例は、日常的なことになっています。

人文書、とりわけ小社が専門とする歴史書におきましても、広く学界共通の財産として参照されるべきものとなっているにもかかわらず、その多くが現在では市場に出回らず入手、講読に時間と手間がかかるようになってしまっています。歴史の面白さを伝える図書を、読者の手元に届けることができないことは、歴史書出版の一翼を担う小社としても遺憾とするところです。

そこで、良書の発掘を通して、読者と図書をめぐる豊かな関係に寄与すべく、シリーズ「読みなおす日本史」を刊行いたします。本シリーズは、既刊の日本史関係書のなかから、研究の進展に今も寄与し続けているとともに、現在も広く読者に訴える力を有している良書を精選し順次定期的に刊行するものです。これらの知の文化遺産が、ゆるぎない視点からことの本質を説き続ける、確かな水先案内として迎えられることを切に願ってやみません。

二〇一二年四月

吉川弘文館

読みなおす日本史

飛鳥 その古代史と風土
門脇禎二著 二五〇〇円

犬の日本史 人間とともに歩んだ一万年の物語
谷口研語著 二一〇〇円

鉄砲とその時代
三鬼清一郎著 二一〇〇円

苗字の歴史
豊田　武著 二一〇〇円

謙信と信玄
井上鋭夫著 二三〇〇円

環境先進国・江戸
鬼頭　宏著 二一〇〇円

料理の起源
中尾佐助著 二一〇〇円

暦の語る日本の歴史
内田正男著 二一〇〇円

漢字の社会史 東洋文明を支えた文字の三千年
阿辻哲次著 二一〇〇円

禅宗の歴史
今枝愛真著 二六〇〇円

江戸の刑罰
石井良助著 二一〇〇円

地震の社会史 安政大地震と民衆
北原糸子著 二八〇〇円

日本人の地獄と極楽
五来　重著 二一〇〇円

幕僚たちの真珠湾
波多野澄雄著 二二〇〇円

秀吉の手紙を読む
染谷光廣著 二一〇〇円

大本営
森松俊夫著 二二〇〇円

日本海軍史
外山三郎著 二一〇〇円

史書を読む
坂本太郎著 二一〇〇円

山名宗全と細川勝元
小川　信著 二二〇〇円

東郷平八郎
田中宏巳著 二四〇〇円

昭和史をさぐる
伊藤　隆著 二四〇〇円

歴史的仮名遣い その成立と特徴
築島　裕著 二二〇〇円

時計の社会史
角山　榮著 二二〇〇円

漢方 中国医学の精華
石原　明著 二二〇〇円

吉川弘文館
（価格は税別）

読みなおす日本史

墓と葬送の社会史　森　謙二著　二四〇〇円
悪　党　小泉宜右著　二二〇〇円
戦国武将と茶の湯　米原正義著　二二〇〇円
大佛勧進ものがたり　平岡定海著　二二〇〇円
大地震　古記録に学ぶ　宇佐美龍夫著　二二〇〇円
姓氏・家紋・花押　荻野三七彦著　二四〇〇円
安芸毛利一族　河合正治著　二四〇〇円
三くだり半と縁切寺　江戸の離婚を読みなおす　高木　侃著　二四〇〇円
太平記の世界　列島の内乱史　佐藤和彦著　二二〇〇円
白　隠　禅とその芸術　古田紹欽著　二二〇〇円
蒲生氏郷　今村義孝著　二二〇〇円
近世大坂の町と人　脇田　修著　二五〇〇円
キリシタン大名　岡田章雄著　二二〇〇円
ハンコの文化史　古代ギリシャから現代日本まで　新関欽哉著　二二〇〇円
内乱のなかの貴族　南北朝と「園太暦」の世界　林屋辰三郎著　二二〇〇円
出雲尼子一族　米原正義著　二二〇〇円
富士山宝永大爆発　永原慶二著　二二〇〇円
比叡山と高野山　景山春樹著　二二〇〇円
日　蓮　殉教の如来使　田村芳朗著　二二〇〇円
伊達騒動と原田甲斐　小林清治著　二二〇〇円
地理から見た信長・秀吉・家康の戦略　足利健亮著　二二〇〇円
神々の系譜　日本神話の謎　松前　健著　二四〇〇円
古代日本と北の海みち　新野直吉著　（続　刊）
白鳥になった皇子　古事記　直木孝次郎著　（続　刊）

吉川弘文館
（価格は税別）